KB231653

올바른 공양
잘못된 공양

올바른 공양
잘못된 공양

오오카와 류우호오 지음

가림출판사

©Ryuho Okawa 2018

Korean Translation ©Happy Science 2018

Original Japanese language edition published as

'Tadashii Kuyou Machigattha Kuyou '

by IRH Press Co., Ltd. in 2017

All Rights Reserved.

No part of this book may be reproduced in any form without the written

permission of the publisher.

조상 공양은 이른바 종교의 본도다.

하지만 걱정이 되는 점이 몇 가지 있다.

첫째는, 형식적이고 세속적인 습속으로서 공양이 치러져도, 승려 측도 유족 측도 사실은 저 세상도 영도 믿지 않기 때문에 고인이 구제되지 않는다는 것이다.

둘째는, '승려를 택배와 같은 서비스로 활용하는 사업'도 시작되어 종교의 권위가 땅에 떨어지고 있다는 점이다.

셋째는, 진정한 종교적 진리를 모르기 때문에 '장사'로서 잘못된 조상 공양을 하는 '종교'가, 실은 악령의 재생산 공장이 되어 있는 것이다.

어쨌든 문제가 너무 많다.

본서를 집집마다 한 권 구비하여 《올바른 공양, 잘못된 공양》에 대해 공부해 주었으면 하는 바이다.

2017년 1월 24일

행복의 과학 그룹 창시자 겸 총재 오오카와 류우호오(大川隆法)

죽음은 영원한 헤어짐이 아니다

사별의 때

죽음은 정말 슬픈 일이다.
그리고 애달픈 일이다.
생이 있는 한,
생물은 계속 살고 싶은 법이다.

인간도 똑같다.
계속 살려고 하다가
어느새 병이나 노쇠에 붙잡혀서
죽음의 사자가 데리고 간다.

죽음은 부부 사이를 갈라놓고
부모와 자녀를 만날 수 없게 만든다.
애별리고愛別離苦의 괴로움을
머리로는 이해하고 있어도
역시 눈물은 하염없이 흘러내린다.
육친에 대한 사랑은
대부분이 집착이라고 배웠어도

불타의 말조차 비정하게 울린다.

이 세상의 목숨이 다하여
사랑하는 사람과 헤어지는 것은
괴롭고, 애달프고, 슬프다.
알고 있다.
그럴 것이다.
그러나 사람은 죽음 아래 평등한 것이다.
내세에서 다시 만날 때를
마음의 지탱으로 삼아라.

케이스 ①

저 세상에서 당황하는 사후 2주일의 영을 타이른다

'영언'이란?

'영언'이란 저 세상의 영을 불러서 생각이나 마음을 이야기하게 만드는 신비 현상이다. 이것은 고도의 깨달음을 얻은 사람에게만 가능한 일이며, 트랜스 상태가 되어 의식을 잃고 영이 일방적으로 말하는 '영매 현상'과는 다르다.

현대인은 세상을 떠난 뒤, 자기가 영이 된 것을 잘 이해하지 못하는 일이 많다. 사후 2주일이 지나, 아직 당황함 속에 있던 남성의 영을 불러내어 저 세상으로 인도를 시도했다. (일부 발췌)

오오카와 류우호오 이번 영언에서는 죽음을 맞이할 즈음의 준비와 저 세상을 향한 여행길에 오르게 될 즈음에 대비한 마음가짐 등의 일반적인 부분에 대해 이해를 심화하고자 생각하고 있습니다.
오늘은 세상을 떠난 지 얼마 안 된 분의 영과 그 아드님이 대화를 하게 됩니다.
나도 사정을 잘 알기 어려운 곳이 있어서 집안 분에게 묻도록 하겠습니다만, 다른 사람에게도 다소는 참고가 될 것으로 생각합니다. 본인에게 죽음과 사후의 행방에 대한 것, 납득하지 못한 것이나 묻고 싶은 것, 혹은 의견을 말하고 싶은 것 등, 미련이 남을만한 것이 있다면 말해 주셨으면 하고 바랍니다.

그러면 그쪽(스피리추얼 엑스퍼트)에 들어가도록 하겠습니다.

영인 가족이 나를 슬퍼한다는 느낌은 전해져 왔어.

오오카와 류우호오 정말로 자신은 '죽었다'라고 생각하고 있습니까?

영인 '죽었다'라고 하는 정의가 어렵구나.
다만, 지금 이 영문을 알 수 없는 곳에 와있다는 것은 아마 죽은 것이겠지. 머리로는 추측되지만, 정의라고 할까, 무엇을 가지고 '죽음'이라고 하는지 잘 모르겠다……..

오오카와 류우호오 하지만 뭔가 불만이 있을 것으로 생각됩니다만.

영인 아니, 난 말이지, 인생에서 역시 자녀 양육에 실패했다는 느낌이 든단 말이지. 뭐라고 할까, 역시 '부모의 마음을 자식은 모른다'는 느낌이 아주 강하단 말이지.
우선, 애초의 취직 전의 학교 선정부터가 실패했으니 말이지.
나로서는 역시 엘리트인 아들을 가졌다는 것을 긍지로 삼고 죽고 싶었다. 일본을 짊어지고 있는 대기업에 취직했으면 하고 바렸던 밀이다.

오오카와 류우호오 다만, 회사가 아무리 훌륭해도 저 세상에 가지고 돌아갈 수는 없습니다. '저 세상의 신전神殿'은 아니므로, 다른 회사에 점점 팔려가서 전매되므로, 영원한 거처가 아니지요.

제행무상諸行無常이어서 이 세상의 것은 모두 언젠가는 다른 사람의 손에 넘어가거나 개축되거나 하므로, 그것에만 집착해도 어쩔 수 없는 셈입니다.

'저 세상으로 가지고 돌아갈 수 있는 것은 마음뿐'이라는 가르침이 있는 것처럼, 마지막으로 남는 것은 그것뿐이지요.

이 세상을 졸업한 뒤에는 '저 세상에 들어가는 입학식'이 있다

영인 이제 이건……, 저것이구나. 나 같은 사람이 많이 있는가?

오오카와 류우호오 아주 많죠. 그것이 보통입니다. 정말로 보통이죠. 그러니까 세상을 떠난 뒤에도 그대로 병원에 있는 사람은 많습니다. 병원에서 어슬렁거리고 있다고 봅니다.

영인 이건 큰일이다. 어떻게 하면 좋습니까, 이런 사람들은?

오오카와 류우호오 그렇기 때문에 올바른 종교를 널리 퍼뜨려서 가르치지 않으면 안 됩니다.

영인 이건 깜짝 놀랄 일이구나.

오오카와 류우호오 (저 세상에 돌아가면) 언뜻 보기에 이 세상에서 수행한 부분이 소용없게 된 것처럼 보입니다. 다만, 저 세상에 돌아가서 잠시 동안 여러 가지로 경험하고 있으면, 이 세상에서 공부한 것이 또 다른 의미로 도움이 되는 것입니다.

이 세상에서 가지고 있던 여러 가지 '지식이나 경험', 그리고 '고생한 일이나 견딘 것', '노력한 것', 혹은 '사람을 지도한 것' 등이 새로운 세계에 익숙해지면 다른 의미로 그 사람 개인의 힘으로 나올 때가 있는 셈입니다.

그러나 지금은 안 됩니다. 지금은 '갓난아기'가 되어 초등학교 1학년을 목표로 해야 하는 단계입니다.

영인 이미 할아버지가 되었는데 다시 '갓난아기'가 되어야만 합니까?

오오카와 류우호오 그렇죠. 다시 한번 새롭게 태어나지 않으면 안 됩니다.

'졸업식' 다음은 '입학식'이죠. 이 세상은 졸업한 것입니다. 이것은 이미 확정되었습니다.

이미 육체는 불태워져서 없어졌으므로 다시 한번 (이 세상으로) 되돌아올 수는 없지요.

영인…….

오오카와 류우호오 다시 한번 태어나려면 갓난아기가 되고, 여성의 배에 깃들이는 것 이외에는 방법이 없습니다.

다만, 갓난아기가 되어 다시 태어나기 전에, 우선 저 세상에서 진실한 세계, 진짜 세계에 관해 공부해 주기를 바랍니다. 그래서 다시 한번 인생관을 재검토해 주면 좋겠고, 혹은 이 세상에서 잘못된 삶을 살았던 사람에게 인도를 해주거나 하는 일도 있는 셈입니다.

당신처럼 맹렬한 종합상사 사원이었어도 지옥에 가는 사람은 가므로, 잘못했을 때는 제대로 가르쳐주지 않으면 안 됩니다.

영인 그런가요? 그럼 내가 먼저 선배로서 (천상계로) 올라가서, 친구들에게는 내가 제대로 가르쳐주지 않으면 안 되겠네요.

오오카와 류우호오 그러네요. 동료들, 후배들을 인도하지 않으면 안 되지요.

세상을 떠난 남편이 보내온 상냥한 메시지

남편을 3년 전에 여의고 앞으로의 인생에 대해 고민하던 여성. 남편은 지금 어떻게 하고 있는가? 저 세상에 있는 남편이 보내준 메시지를 전했다.

나는 2007년 7월 말부터 8월 초에 걸쳐 영국에 가서, 체류 중에 런던에서 에든버러로 날아가 1박을 했습니다.
그때 가이드를 맡아 준 사람은 에든버러에 몇십 년째 살고 있다는 40대 초반의 일본인 여성이었습니다.

그녀는 1970년대에 일본에서도 유행한 에든버러 출신 그룹의 노래를 아주 좋아해서, 그 가수나 그들의 패션에 끌려서 에든버러를 찾아와 그대로 자리를 잡고 살게 되었다고 합니다. 그리고 스코틀랜드인 남성과 결혼하여 가이드를 하고 있다는 것이었습니다.

'남편은?'하고 물었더니 '3년 전에 세상을 떠났습니다'라고 말했습니다. 그리고 '나는 남편과 같이 살았던 집에 아직 살고 있습니다. 가이드 자격도 있어서 지금도 이 일을 계속하고 있습니다만, 3년 이상 지났으므로 어떻게 할지 망설이고 있습니다'라고, 자동차 안에서 나에게 말해 왔습니다.

"나는 이쪽 세계에서도 행복하게 살고 있어"

그녀는 나에게 영능력靈能力이 있는 것을 알고 있었으므로 '영능력자 靈能力者인 나에게 남편에 대해 상의하고 싶은 걸까'라고 느꼈습니다. 그래서 나는 천국에 있는 남편이 보내준 말을 전했습니다.

"남편 분은 '천국에 돌아가서 매우 행복하다'라고 말하며 기뻐하고 있어요. 결혼생활은 정말 행복했던 것 같네요."

그녀는 수긍했습니다.
"그렇습니다. 그러므로 쉽게 잊을 수 없습니다. 아주 좋은 사람이었습니다."

"남편 분은 '이쪽에서 행복하게 살고 있으므로, 당신은 이제 자유롭게 살아도 돼'라고 하네요.
'3년 이상 지났고, 언제까지나 이 고장에 속박되지 않아도 돼. 이제 당신은 자유롭게 살면 돼. 아직 젊으니까 좋은 사람을 찾아요. 일본에 돌아가도 좋고, 여기에 있어도 좋고, 어느 쪽이라도 좋으니까 좋은 사람을 찾아요.
당신과의 결혼생활은 매우 즐겁고 기뻤어.'"
남편은 그렇게 말하는군요.

"그렇습니까!"

그녀는 기뻐했습니다. 정말 그런 것을 물어보고 싶었던 셈입니다.

남편은 "이제 됐어. 나는 이쪽 세계에서도 행복하게 살고 있어. 친구도 생겨서 즐겁게 살고 있으니까, 이제 당신도 자유롭게 살아요. 나에게 집착하지 말고 그 외에 좋아하는 사람을 만나요"라고 말하는 셈입니다. 좋은 남편입니다.

40대 초반이라면 아직 충분히 상대를 찾을 수 있는 나이이므로 '좋은 사람을 찾아요'라는 승낙을 받을 수 있으면 그것은 고마운 일이겠지요.

" '나는 천국에서 생활하기 때문에 이제 됐어. 내 무덤을 지키지 않아도 돼요'라고 말해 주고 있어요."

그렇게 남편의 말을 전했더니 그녀는 눈물지으며 기뻐했습니다.

나는 '텔레비전 등에 나오는 영능력자로 잘못 알려진 걸까'라고 생각하면서도, 실제로 그녀 남편의 영이 생각하는 것을 알기에 그것을 전했던 것입니다.

CONTENTS

제1장

저 세상으로
여행을 떠나다

1.
우선 저 세상을 믿지 않으면 공양은 못한다

'사후에 관한 질문'에 대답할 수 없는 현대의 승려들

일본에서는 2011년, 동일본 대지진이 일어나 동북지방을 중심으로 2만 명 정도 세상을 떠났습니다만, 많은 자원봉사자가 동북지방에 들어가 부흥을 돕거나, 마음을 보살피는 일을 도와주거나, 식량이나 물자 지원을 했습니다. 또 '반反원전', '탈脫원전'의 운동을 한 사람들도 있어서 여러 형태로 구원 활동은 계속되고 있습니다.

그 가운데에서 활동으로서는 소규모라고 생각됩니다만, 미담으로 자주 신문 등에 소개되는 것은 '동북지방에 있는 절의 승려들이 무료로 카페 같은 것을 운영하면서, 이재민들의 이야기를 들어드리고, 진재震災로 마음이 상처받은 사람들을 돌봐주고 있다'라는 것입니다.

다만, 그 승려들은 살아남은 사람들로부터 '세상을 떠난 ○○ 씨는 어떻게 되었습니까? 꿈에 자주 나타납니다', '해변에서 여러 영靈이 보입니다' 등으로 상의를 받거나 하는 모양입니다만, 그런 말을 들으면 순간적으로 사고가 멈추어 버리고 그 상담에는 잘 대답할 수 없어서, 정신과의사와 같은 식으로 대화를 가져가는 경우가 많은 것 같습니다.

더 직접적인 표현으로 말한다면, 나는 이런 승려들에게 '정말로 혼의 존재를 믿고 있는가'라고 묻고 싶습니다.

승려라면 '혼의 구제'에 관한 이야기를 못하면 안 됩니다. 그것이 승려의 본래 사명입니다.

하지만 승려의 본래 사명임에도 불구하고 '집이 무너져서 세상을 떠난 사람은 어떻게 되었습니까? 갑자기 해일이 닥쳐와서 바다에 휩쓸려간 사람이나, 타고 있던 어선이 선복하여 죽어버린 사람은 어떻게 되어 있습니까?'라는 질문을 받아도, 이 승려들은 대답할 수 없는 상태가 아닐까 생각됩니다.

그런 곳에 '현재의 불교는 구제력救濟力이 없다'는 것이 나타나고 있다는 생각이 들어 견딜 수 없습니다.

지금은 절에 가는 것을 '관광 불교'라고까지 말하는 것처럼, 평소에는 오래된 사찰을 안내하거나, 입장료를 받아서 생업을 유지하는 곳도 많다고 봅니다만, '사람의 죽음'에 직면했을 때, 승려는 그것에 대해 제대로 설명할 수 없으면 안 됩니다.

세상을 떠난 사람이 헤매고 있을 때, 죽은 사람의 영은 대체로 가족 주변이나 자택, 직장 부근에 있을 터이므로, 유족이나 장례식 참석자 등에게 불법진리를 말해 주면 그것을 영 자신이 함께 들을 수도 있고, 나중에 유족 등의 대화를 통해서 듣기도 합니다. 그것에 의해 영이 구제되는 일이 있습니다.

진실을 모르는 사람은 자기의 죽음을 이해하지 못한다

생전에 저 세상이나 영을 완고하게 거부하던 사람들, 확신범 식으로 거부하던 사람들은 자기가 죽은 것을 납득하지 못합니다.

'이것은 뭔가가 잘못된 것이다. 나는 꿈을 꾸고 있거나 환각을 보는 것이다', 혹은 '모두 함께 연극을 하는 것이다. 몰래카메라와 같은 것으로 나를 속이려고 하는 것이 아닐까?' 등으로 말하며 좀처럼 믿으려고 하지 않습니다.

나는 영화 '불타재탄佛陀再誕'(오오카와 류우호오 제작 총지휘, 2009년 공개)의 첫 부분에서 다음과 같은 장면을 연출했습니다.

그것은 자살한 자의 영에 관한 장면입니다. '유일신문唯一新聞'이라는 신문사의 엘리트 기자가 정치가의 오직汚職 추문에서 오보誤報 기사를 썼다가 그것으로 인한 정신적인 스트레스를 이기지 못하여 전철에 뛰어들어 투신자살을 합니다. 하지만 영이 되었기 때문에 당연히 죽어도 죽지 못합니다. 너덜너덜해진 모습으로 역의 승강장 부근을 배회하다가 우연히 지나가는 주인공인 젊은 여성을 선로 쪽으로 끌어당기려고 하는 것입니다. 이런 장면이 영화의 처음 부분에 나옵니다.

그처럼 이 세상에서는 훌륭하게 보이거나, 사회에서 대단한 활약을 했어도, 진실을 모르는 사람은 자기가 죽은 다음의 상황을 객관적으로 이해하지 못합니다.

저 세상이나 죽음에 관해 설명을 들은 일이 없는 사람이나, 알려고 한 적이 없는 사람, 혹은 어떤 사람이 말을 걸어주어도 거절하여 '그런 것은 전부 속임수다'라고 단정하던 사람이 세상을 떠날 경우, 대단히 어려운 것이 있습니다.

　모든 사람들에게, 진실에 눈을 뜨는 계기는 인생을 사는 동안
에 많이 있었을 것입니다.

2.
어린 아들을 잃은 여성에게
석가가 납득하게 만든 말이란

　조상 공양을 개시하기 전에 인간의 죽음을 한 번 돌아보고 생각해 볼 필요가 있습니다.

　지금으로부터 이천오백몇십 년 전의 인도 석가 시대, 기원정사祇園精舍가 있었던 '슈라바스티'라는 도시에 '키사고타미'라는 여성이 있었습니다.

　이 여성은 자기의 어린 아들이 죽어서 반쯤 광란한 상태가 되어, 이제 세상이 끝잖난 것 같은 생각이 들었습니다.

　하지만 기원정사에는 석존이 있으시기에, 어떻게든 도움을 받으려고 생각하여 그 사내아이의 시체를 껴안고 '석가님, 저의 귀여운 아이가 죽어버렸습니다. 아무것도 나쁜 짓을 하지 않았는데 이런 일은 있을 수 없다고 생각합니다. 잘 자라서 열심히 살아

가려고 했는데 죽어버렸습니다. 이렇게 무자비한 일이 어떻게 있을 수 있습니까? 이래서는 신도 부처도 없는 것이 아니겠습니까? 아무쪼록 소생시켜 주십시오. 석존이 가지고 계신 신통력으로 소생시켜 주십시오. 부탁드립니다'라고 탄원해 왔던 것입니다.

그런데 석가는 '그런 것은 못한다'라고 하지 않았습니다. '그런가, 알았다. 그러면 소생시켜 주겠다. 그 대신 조건이 있다. 당신은 도시에 가서 아직 죽은 사람이 없는 집을 찾아가서 겨자씨를 받아 오너라. 그렇게 하면 내가 이 아이를 소생시켜 주겠다'라고 답했던 것입니다.

키사고타미는 그 말을 듣고 쏜살같이 도시로 가서, 겨자씨 정도라면 어느 집에라도 있을 것으로 생각해서 물으며 돌아다녔습니다. 그런데 겨자씨는 확실히 어느 집에나 있었습니다만, 그동안 죽은 사람이 없었던 집은 단 한 군데도 없었습니다. 어느 집에 가도 '우리도 아버지가 세상을 떠났습니다', '아이가 죽었습니다', '할아버지가 별세했습니다', '할머니가 돌아가셨습니다.'

누군가가 반드시 세상을 떠난 것입니다. 겨자씨는 많은 집에 있었지만, 지금까지 죽은 사람이 없었던 집은 없었습니다.

그래서 돌아와서 석가에게 '많은 집을 찾아다녔으나, 겨자씨는 있었지만 죽은 사람이 없었던 집은 없었습니다. 이 슈라바스티의 도시 안에 그런 집안은 없었습니다'라고 했더니, 석가는 '고타미여. 잘 알아차렸구나. 그 말대로다. 그동안 죽은 사람이 한 명도 없었던 집은 없는 것이다. 지금까지 죽은 적이 없는 사람은 없는 것이란다. 어떤 사람도 반드시 이 세상을 떠나가는 것이란다. 그렇게 세상은 무상한 것이다. 그 무상한 세상을 살고 있으므로 인간은 그 가운데에서 깨달음을 얻는 것이 필요하다. 깨달음을 얻음으로써 무상한 세상에 살고 있으면서 행복이라는 것을 알 수 있는 것이란다'라는 이야기를 했습니다.

그것이 인연이 되어 이 고타미도 출가해서 석가 교단에 들어가게 되었습니다. 이것은 유명한 일화 중 하나입니다.

이처럼 자기의 육친이 죽거나, 아이가 죽거나, 여러 가지 안 좋은 일이 있으면 자기만 대단한 불행에 빠진 것처럼 생각하게 됩니다만, 실제로는 이 고타미의 이야기와 같아서, 죽은 사람이 없었던 집은 없습니다. 어느 가정에도, 어느 가족에게도, 죽은 사람은 반드시 나오는 것입니다. 역시 그것을 현실이라고 생각해서 보지 않으면 안 됩니다.

이것이 조상 공양의 기원이 되는 이야기라고 할 수 있습니다만, 반드시 언젠가는 모두 죽습니다. 그 차례는 알 수 없습니다. 통상적이라면 나이의 순서대로 죽어가는 것입니다.

3.
사람은 죽으면 어떻게 되는가

보통 사람은 자기의 죽음을 좀처럼 자각하지 못한다

　육체에는 혼이 깃들어 있어서, 사후는 그 혼이 육체에서 벗어나 저 세상으로 여행을 떠나가는 셈입니다만, 보통은 자기가 죽은 것을 좀처럼 모르는 것입니다. 물론 세상을 떠나서 그 날 중에 갑자기 육체로부터 나가는 사람도 있습니다만, 보통 사람은 자기가 죽은 것을 곧바로 알지 못합니다. 그래서 당분간은 병의 연장과 같은 느낌으로 육체 속에 있는 것입니다.

　그리고 주변 사람이 '임종입니다'라든지 하는 말을, '아직 살아 있는데 우스운 소리를 하는구나'라고 생각하며 듣고 있습니다.

　때때로 누가 눈꺼풀을 열었다 닫았다 하거나, 라이트를 비추어

보기도 하는데 '무슨 짓을 하는가? 눈부시지 않은가'라고 본인은 말하지만, '반응이 없습니다. 이미 동공이 열렸습니다' 등의 말을 듣게 될 뿐입니다.

혹은 '심장이 멈췄습니다'라고 말하므로, 자기 가슴에 손을 얹어 보면 아직 심장은 움직이고 있다고 느끼게 됩니다.

이것은 심장의 영체靈體가 아직 움직이고 있기 때문입니다만 "어라, 이상하구나? 심장이 움직이는데 '멈췄다'라고 말한다. 이 의사는 오진誤診을 한다. '뇌파도 정지했습니다'라니 큰일날 소리를 하는데, 실제로 뇌가 열심히 활동하는데 무슨 소릴 하고 있단 말인가"라고 생각하는 것입니다.

이처럼 통상은 '자기는 아직 살아 있다'라고 생각하고 있어서, 죽었다는 자각이 없습니다. 게다가 처음에는 육체 그대로의 모습으로 있을 테니까, 주위의 상황이 이상하게만 느껴지는 것입니다.

혼이 육체에서 벗어날 때까지의 모습

보통의 경우, 혼이 육체에서 벗어날 때까지 대체로 하루에서 이틀 가까이 걸립니다.

밤샘을 하는 습관이 있어서, 이 밤샘 기간을 보내고 나서가 아니면 화장터에서 육체를 불태우지 않게 되어 있습니다. 왜냐하면, 아직 혼이 육체에서부터 벗어나지 않았기 때문입니다. 전통적으로 '혼이 벗어나지 않은 동안에는 육체를 불태워서는 안 된다'라고 알려져 있습니다.

이윽고 매미가 껍질을 벗는 것 같은 형태로, 혼은 차츰 육체로부터 유리해 갑니다.

먼저 혼의 상반신 부분이 일어납니다. 그 후 혼 전체가 몸에서부터 나오다가, 순식간에 공중으로 떠오릅니다.

이때 혼과 육체는 머리 부분에서 나온 하나의 선으로 이어져 있습니다. '영자선靈子線. 실버코드'이라고 하는 선입니다. 이것이 이어져 있는 동안에는 아직 완전한 죽음이 아닙니다. 이것이 이윽고 뚝 끊어집니다. 그것이 끊어질 때 '완전히 죽었다'라는 형태가 됩니다.

그 후, 일정 기간은 주변에 머물면서 자신의 장례식이 치러지는 장면, 그리고 자신이 화장터에서 불태워지는 장면을 보게 됩니다. 그런 과정을 거치면서 '장례식에 모셔놓은 사진을 보니, 놀랍게도 내 사진이 놓여 있다'는 것을 보면서 '그제서야 나는 죽은 것 같다'라고 깨닫게 되는 것입니다.

또 각자에게는 수호령守護靈이 있는데, 그 무렵에 수호령이 자신을 마중하러 옵니다. 인간이 죽을 때는 수호령이 마중 와서 '당신은 실제로 죽었다'라는 것과 '지상에 대한 집착을 버리지 않으면 안 된다'라는 것을 차분히 가르쳐 주고, 그리고 그 사람이 가야 할 장소로 데려가 줍니다. 그와 같은 인도가 있습니다.

영계에서는 한 사람 한 사람이 소중히 취급되고 있다

그 후, 혼은 몸에서 벗어나 터널을 빠져나가서 빛의 세계로 들어가, 꽃밭을 지나서 삼도천三途川으로 나옵니다. 일본에서는 강의 경우가 많습니다만, 호수의 경우도 있고, 스위스 쪽에서는 산의 고개를 넘는 것이 삼도천을 건너는 것을 대신할 때도 있습니다. 그처럼 여러 장면이 나오는 것입니다만, 그때 무언가의 인도는 필요합니다.

저 세상에서는 인도하는 일을 위해 수많은 사람이 있습니다. 그 실태를 보면 볼수록 '인간은 한 사람 한 사람이 대단히 소중히 취급되고 있구나'라고 느껴집니다.

지상에는 60억 명 이상의 사람이 있고, 매일 누군가가 사고로 죽거나 병으로 죽거나 합니다만, 그것이 정확히 영계에 전해져서, 그 사람의 관계자가 와주는 것입니다. 고맙게도 친구라든지 인연이 깊은 사람도 와주며, 종교 계통에서 도움을 주는 사람들까지 와줍니다. 어떤 사람의 죽음을 저 세상의 많은 사람이 알고 있는 것입니다. 이것을 보면 '한 사람 한 사람이 대단히 소중히 취급되고 있다'라고 느껴집니다.

과거를 비추는 '조마의 거울'

보통 사람의 경우, 삼도천도 나옵니다만, 그 후 생전에 대해 청산을 할 때까지는 천국과 지옥이 나뉘기 전의 장소, 이 세상의 연장선상인 영계에 있습니다.

거기서는 흔히 말해지는 것처럼 과거를 비추는 스크린을 봅니다. 옛날로 말하면 과거를 비추는 거울입니다.

저 세상 사람과 여러 가지 이야기를 해본 바에 의하면, 그들은 대체로 " '조마照魔의 거울'이라는 말을 자주 쓴다. '조마의 거울'이라고 할 때가 많다"라고 합니다. 그것은 생전의 악업, 나쁜 짓을 한 것 등을 비추는 거울입니다.

그와 같은 이미지로서는 거울, 혹은 스크린과 같은 것이 있으며, 자기 생전 몇십 년의 생애, '개인의 역사'를 상영해 주는 것입니다.

이 세상적으로 상영 시간은 정말 짧은 시간입니다만, 기분으로는 1시간 정도 지난 느낌일 것입니다.

태어나고 난 다음의 요소요소, 여러 인생의 전기轉機, 요컨대 자기의 의식으로 보면 '스냅 사진'처럼 찍힌 장면이 나오는 것입니다.

이 세상에 태어나서 어린 시절, 초등학교 시절, 중학교 시절이 있고, 그리고 진학하거나, 졸업하거나, 결혼하거나, 취직하거나, 전직하거나, 이혼하거나, 도산하거나, 재건하거나, 아이가 자라거나, 아이가 죽거나, 여러 가지 일이 있습니다.

그런 자신이 경험한 것의 토픽이 차례로 나와서 '그때마다, 자기가 어떻게 생각했는가? 어떻게 생각해서 극복해 왔는가'가 나오는 것입니다.

'인생 드라마'를 보고 사후에 갈 곳이 결정된다

이것은 대개의 사람에게는 싫은 일입니다. 부끄러운 장면이나 숨기고 싶은 장면이 많아서 다른 사람에게 보여주고 싶은 장면은 그다지 나오지 않습니다.

칭찬받고 싶은 장면은 별로 나오지 않습니다. 반대로 '칭찬받고 싶다'라고 생각하여 여러 가지로 획책하는 장면이 나오거나 합니다.

그처럼 '자기는 어떤 인간인가'가 밝혀지게 되는 것입니다.

더구나 '인생 드라마'를 상영할 때는 인연이 깊은 친한 사람이나 친구 등, 그 사람과 관계가 있는 사람이 여러모로 모여듭니다. 나이가 들고 나서 세상을 떠난 사람이라면 자기보다 먼저 저 세상에 간 사람이 많으므로, 그만큼 많은 사람이 보게 됩니다.

그리고 상영이 끝났을 때 박수가 일어날 것인가, 그렇지 않으면 썰렁할 것인가, 모두의 반응을 보면 '자기는 장래 어느 세계로 가야 하는가'를 알게 되는 것입니다.

즉, 저 세상에서 갈 곳을 정하는 것은 생전의 이 세상에서 살았던 모습 그 자체입니다.

'이 세상에서 어떤 삶을 살았는가'가 '사후 천국에 갈 것인가,

지옥에 갈 것인가? 그렇지 않으면 천국에도 지옥에도 가지 못하여 이 세상에서 어슬렁거리게 되는가'를 정하는 일이 많습니다.

영적 인생관을 받아들일 것인가 아닌가에 의해 인생에 큰 차이가 나타난다

그 의미로 저 세상은 대단히 공평한 세계입니다.

이 세상에서는 공명정대하지 않은 것도 있습니다. 정직하게, 올바로, 열심히 살았는데도, 이 세상에서는 그다지 보답을 받지 못하는 사람도 있는가 하면, 요령 좋게 해서 성공하는 사람도 있습니다. 이 세상에서는 여러 경우가 있습니다만, 저 세상의 세계는 상당히 공명정대하게 판정이 나오는 것입니다.

신, 부처가 만든 세계는 결코 인간의 삶을 배반하는 일은 없습니다.

이 세상에서 고생하면 '손해를 보았다'라고 생각할지도 모르겠습니다만, 그 고생이 나름으로 올바른 것이라면 저 세상에서 보답을 받게 됩니다. 한편, 이 세상에서 편하게 지내고 '잘 됐다'라고 생각했다고 해도, 그것이 정당한 것이 아닐 경우에는 사후, 저 세상에서 반드시 반성하지 않을 수 없게 되는 것입니다.

이것이 진실한 세계관이며, 종파를 막론하고, 종교를 막론하고, 동서양을 막론하고, 전 세계에서 인정을 받는 생각입니다.

이와 같은 영적 인생관을 받아들이고 사는 사람과 받아들이지 않고 사는 사람과는 역시 인생에 큰 차이가 나타납니다.

영적 인생관을 가진 사람에게는 나날의 일이나 생활이 배움의 장소가 됩니다.

한편, '이런 것은 믿을 수 없다'라고 생각하는 사람에게는, 모든 것이 우연의 연속이 됩니다. '사후의 세계 따윈 알 수 없으니까 생각해도 소용없다'라고 생각하겠지만, 결국 큰 응보應報가 되어 돌아오는 것입니다.

이 사실에 대해서는 나 자신의 30년 가까운 경험에서 보아도 '의심할 여지는 없다'라고 말해 두고 싶습니다.

POINT

- 승려라면, 사후의 '혼의 구제'에 관한 이야기를 할 수 있어야만 한다. 그 것이 승려의 본래 사명이다.

- 생전에는 훌륭하게 보이거나, 사회에서 활약하고 있어도, 영적 진실을 모르는 사람은 자기의 죽음을 좀처럼 이해하지 못한다.

- 저 세상에서는 인도의 일을 하는 사람이 많이 있고, 한 사람 한 사람이 대단히 소중히 취급되고 있다.

- 저 세상에 가면 자기의 '인생 드라마'를 보게 된다. 저 세상에서 갈 곳을 정하는 것은 생전의 삶의 모습 그 자체이다.

제2장

이렇게 잘못된
조상 공양을
하고 있지 않습니까?

1.
행복과 불행의 원인은
자기 자신에게 있다

불행을 조상의 탓으로 하는 공양은 잘못된 것이다

조상 공양에는 다음과 같은 고민이 자주 있습니다. "병이나 부상, 사업의 실패나 수험에서의 실패 등, 다양한 불행이 가정 내에서 일어나므로, 어떤 곳에서 상의를 받았더니 '조상이 성불하지 않았기 때문이다'라는 말을 들었다"라는 경우입니다.

대개, 4대代 이상 전의 조상이 성불하지 않았다고 말을 듣습니다. 그리고 '그것이 원인으로 불행이 일어나고 있기에 조상 공양을 확실히 하면 운이 좋아진다'라는 말을 듣는 것입니다. 이것은 조상 공양형 종교를 생업으로 삼는 사람의 상투수단이라고 해도 좋습니다.

조상이라고 해도 2대, 3대 정도 전의 사람은 아직 살아 있을 수도 있습니다만, 4대 정도 전이 되면 살아 있을 리는 없으므로, 4대 이상 전의 조상이 헤매고 있다는 식으로 하는 셈입니다. 그리고 불행의 원인을 전부 조상의 탓으로 해서 '헤매는 조상의 공양만 하면 행복해질 수 있다'라고 말합니다.

이 방식이라면 어떤 상담이 와도 대응할 수 있습니다. 모든 고민에 대해 '당신의 집에는 성불하지 않은 조상이 있다'라고 말하면 되는 것입니다. 4대 전이든, 10대 전이든, 20대 전이든, 조상이 성불했는지 아닌지는 상담자는 알 수 없습니다. 따라서 몇 대 전의 조상 탓으로 해 두면 그것으로 복채를 받을 수 있는 것입니다.

이와 같은 '장사'가 전국 각지에서 얼마나 행해지고 있는가를 생각할 때, 나는 악연愕然해지지 않을 수 없습니다. 개중에는 정말 성불하지 못하고 헤매는 조상이 있을 때도 있습니다만, 그 경우에도 적극적으로 자손을 해치려고 하는 조상은 기본적으로 없습니다.

다만, '물에 빠진 사람은 지푸라기라도 붙잡는다'라는 속담대로, 어찌해야 좋을지 모르고 조상이 자손을 의지해 오는 때는 있습니다. 하지만 이 경우에도 그들은 적극적으로 자손을 해치려고 하는 것은 아닙니다. 그것이 사실입니다.

그들은 인간으로서 올바른 삶을 모르는 채 헤매고 있습니다. 자기가 잘못 살아온 이유, 자기가 지금 괴로워하는 이유를 모르는 것입니다. 따라서 조상 공양에서는 그것을 가르쳐 드리는 것이 중요합니다.

그들은 자기의 생각대로 살았더니, 사후, 의외의 세계로 가버렸기 때문에 어떻게 하면 좋은지 모르고 지내는 것입니다만, 그때 자손에게 탈을 주거나 하면 죄가 더욱 무거워져서 괴로워하게 되는 것입니다.

진정한 의미에서 조상을 공양하여 그들이 성불하도록 하려면, 남은 자손이 항상 조상에게 감사하는 마음을 가짐과 동시에, 인간으로서의 올바른 삶, 빛으로 가득한 삶을 사는 것이 필요합니다. 이것이 조상 공양의 전제입니다.

공양하는 줄로 알았지만 '빼앗는 사람'이 되어 있지 않은가

다만, '조상을 공양하고 싶다'라는 자손의 생각이 애념愛念으로서 열매를 맺을 때는 좋습니다만, 그렇지 않을 때가 있습니다. 그

것은 자손 쪽, 살아 있는 인간 쪽이 어떻게든 구제받고 싶어서 공양할 경우입니다.

예를 들면, '학업이 부진하다', '사업이 부진하다', '회사에서 출세하지 못한다', '연애가 성공하지 않는다', '아이에게 문제가 일어났다' 등의 일이 있으면 '이것은 조상이 헤매기 때문이 아닌가'라고 생각하여, 자기들이 행복해지고 싶어서 열심히 조상 공양을 하는 일이 많습니다.

여기에는 미묘하면서도 바꿔치기가 일어날 가능성이 있습니다. 공양이라고 하는 것은 본래는 '주는 사랑'임에도 불구하고, 자손 쪽이 자기 몸의 소중함과 속세에서 편하게 살기 위해 '조상이 괴롭히지 않도록'이라고 하는 생각으로 공양한다면 거기에 '빼앗는 사랑'이 생기기 쉽습니다.

그 결과, 반성이 없는 인간이 생기고, 공양을 받는 쪽과 공양하는 쪽이 동질이 될 수 있습니다.

공양을 받는 쪽이 천국에 가 있는 경우라면 그런 문제는 일어나지 않습니다만, 조상이 저 세상에서 악령이 되어 헤맬 때, 자손이 욕심의 마음으로 조상 공양을 하면, 양자는 대부분 동질이므로 완전히 통해 버리는 것입니다.

부적이나 호마목으로 조상이 구제되는 것은 아니다

이것은 비유해서 말하면 이런 것입니다. 아버지가 엄청난 부채를 지고 있고, 또 아들은 아들 나름으로 또 다른 부채를 지고 있다고 합시다. 그 부채를 진 아들이 아버지의 부채를 갚아줄 수 있겠습니까? 그런 문제를 제기해 보면 '못한다'는 것이 답입니다. 그런데 '사업에 성공해서 큰돈을 가진 아들이 아버지의 부채를 갚아드릴 수 있는가'라는 설문일 경우에는 '갚아드릴 수 있다'라는 답이 됩니다. 이것이 조상과 자손의 관계인 셈입니다.

'조상이 성불하지 않았다', '지옥에서 괴로워하고 있다'는 것은 '부채'를 짊어진 것과 똑같습니다. 정신적인 부채, 이 세상에서 살았을 때의 부채를 짊어지고 있는 셈입니다.

그 부채를 갚기 위해 자손이 조상을 공양하여 조상을 성불시키려고 할 때, 자손이 악령에게 빙의된 엉망진창의 삶을 살고 있을 경우는, 자손도 또한 부채를 진 셈입니다. 부채를 진 사람이, 부채를 진 다른 사람의 부채를 대신 갚을 수는 없습니다. 그 부채를 갚으려면 자기 자신이 축재를 해두지 않으면 안 됩니다. 풍요로워야만 타인의 부채를 갚아줄 수 있는 것입니다.

이 '풍요롭다'라는 것은 '금생에 덕을 쌓았다'는 것입니다. 그것은 불법진리에 기초하여 나날이 수행을 하고 있다는 것입니다. 빛의 덕을 쌓고 있다는 것, 빛을 축적하고 있다는 것, 하늘의 창고에 부를 쌓고 있다는 것, 그것이 있어야만 괴로워하는 사람에게 그 빛을 회향廻向할 수 있는 것입니다. 빛을 전해줄 수 있는 것입니다. 이것이 조상을 공양할 경우의 올바른 사고방식입니다.

그러므로 부적이나 호마목護摩木으로 조상이 구제되는 것은 아닙니다. 살아 있는 자손들, 인연이 있는 사람들이 매일 덕을 쌓는 것이 중요합니다.

올바른 종교인가 아닌가를 구별하는 방법은, 살아 있는 사람, 실제로 수행을 하는 사람에게 반성을 제대로 가르치는가 아닌가, 자기 책임의 부분을 제대로 가르치는가 아닌가에 달려 있습니다.

그러므로 조상 공양을 하는 종교에 대해서도 지금 서술한 부분을 점검해 주십시오. 조상님에게 모두 맡겨서 '조상님이 안 좋으면 우리는 행복해질 수 없다. 조상님이 잘 되면 우리는 행복해질 수 있다'라는 생각을 하는 곳은 모조리 잘못되었습니다.

2.
조상이 헤맬 때 주의할 점

조상이 헤맬 경우, 그 원인은 조상 자신에게 있다

사랑과 자비의 마음으로 조상을 공양하고 싶다는 마음이 여러분에게 있는 것 자체는 대단히 좋은 일이지만, 조상이 헤매는 것은 결코 자손의 책임이 아닙니다. 이것은 원칙이므로 잘 알아두셨으면 합니다.

지옥에 떨어진 것은 역시 본인의 삶의 모습에 문제가 있었던 것입니다. 생각과 행동에 문제가 있어서 지옥에 떨어진 것입니다. 이 대전제大前提는 알아두십시오. 그렇게 하지 않으면, 여러분이 열심히 공양하고 있어도 조상 쪽에서 '자기가 나쁘다'고는 절대로 생각하지 않는 사람이 많은 것입니다. 자손의 탓으로 해 옵니다. '훌륭한 무덤을 세우지 않았기 때문에 나는 이렇게 괴로운 것이다', '불단佛壇이 싸구려이기에 이렇게 괴로운 것이다', '위패位牌가 나쁘다', '계명戒名을 붙이지 않았다'라고 여러 가지 말을 하는 셈입니다만, 이것은 트집이며, 그런 것에 의해 구제되는 일은 실제로 없습니다. 전혀 없습니다.

그러므로 이 전제의 부분을 가르쳐 드릴 필요가 아무래도 있습니다. '무덤이 나쁘기 때문이다'라든지 그런 말을 하고 있어서는, 요컨대 자기의 책임은 아무것도 없고 자손만의 책임이 됩니다. 그래서 '때때로 응징해 주지 않으면 안 되겠다' 등으로 바보 같은 생각을 하고 나와서는, 소위 '탈'을 일으키는 조상이 있는 셈입니다. 터무니없는 잘못입니다.

'살아 있었을 때의 생각과 행동에 근거하여 천국과 지옥이 나뉘는 것이며, 당신이 지옥에 떨어진 것은 역시 그만큼의 책임이 있었기 때문이에요'라는 것을 가르쳐 드려야 합니다. 냉정하게 느껴질지도 모르겠습니다만, 그렇지 않습니다. 이것은 사랑입니다.

조상에 의한 탈의 예

그리고 만일 살아 있는 사람에게 생전의 조상과 똑같은 특징이 나타난다면, 그것은 '조상의 영이 와있다'는 것입니다.

예를 들면, '아버지는 생전에 주정이 심해서, 크게 날뛰고, 집안 물건을 부수거나, 칼을 들고 사람을 위협하거나 하는 짓만 하고 있었다. 그 아이는 그런 일이 없었는데, 아버지가 죽은 후 얼마 지나지 않아, 전적으로 똑같은 모습을 보이기 시작했다. 술을 마시고서는 아버지와 똑같은 말을 하거나, 난폭하게 굴거나 하게 되었다' 등의 일이 있으면, 죽은 아버지가 헤매서 와있는 것이 거의 틀림없습니다.

그리고 아버지, 할아버지, 혹은 어머니, 할머니 등의 조상이 색정色情 면에서 대단히 큰 문제가 있었을 경우, 즉, 남녀의 애증으로 인해 여러 가지로 지옥을 만들어 가족에게 폐를 끼쳤을 때, 그 사람이 세상을 떠나고 나서 얼마 후, 딸이나 아들들이 또 같은 색정 문제를 많이 일으켜서 가정을 붕괴시키고, 애증을 되풀이하는 일이 있습니다.

그럴 때는 확실히, 흔히 말해지는 대로 '탈이 있다'는 것입니다. 성불하지 못한 조상의 영이 방해하고 있는 것은 틀림없습니다.

사후, 5년이 지나도 딸에게 빙의하던 아버지의 영

나는 영적 능력에 눈을 뜬 후, 20대 후반 때 어떤 젊은 여성과 면담을 한 적이 있습니다. 그 사람은 '5년 전에 아버지가 교통사고로 돌아가셨다'는 이야기를 하고 있었습니다만, 잠시 후 나에게는 그 여성의 뒤에 배후령背後靈이 되어 빙의憑依한 그 아버지의 모습이 보였습니다.

그 후, 아버지의 영이 내 쪽에 왔으므로 1시간 정도 이야기를 하여 많이 설득했습니다만, 그 사람은 교통사고로 죽었을 때와 같은 상태로 칠전팔도七顚八倒의 괴로운 상태에 있었습니다.

이와 같은 영이 씌어 있으면 딸 쪽은 큰일입니다. 제대로 된 인생을 살기가 어려워질 것입니다. 그 여성은 영능력자는 아니므로 직접적으로는 전해지지 않기 때문에 아직은 괜찮았지만, 그와 같이 칠전팔도하는 아버지가 후두부에 착 달라붙어 있어서 그것을 데리고 걸어 다닌다면, 다른 사람에게 어쩐지 싫은 느낌을 줄 것이고, 영감도 나빠질 것입니다. 그 때문에 역시 불행해져 갈 것으로 생각됩니다.

나는 세상을 떠난 아버지와 대화를 나눈 셈입니다만, 교통사고로 죽을 때는 순간적이므로 마음의 준비가 되어 있지 않습니다.

가족이 그 후 어떻게 되는지도 전혀 생각하지 못했고, 그처럼 전혀 마음의 준비가 되어 있지 않은 상태로 갑작스럽게 죽은 셈입니다.

그리고 머리가 깨져서 피가 많이 흐르고 있어서 '아프다, 괴롭다. 살려줘'라는 상태인 채로 5년이나 지난 것입니다.

행복의 과학의 진리를 배우는 사람은 '죽어서 영이 되면 그렇게 아픈 까닭도 없고, 피도 날 까닭이 없다'라고 생각할 것입니다. 그와 같은 깨달음을 가진 사람에게는 그런 세계가 전개됩니다.

하지만 '이 육체가 나다'라고 100퍼센트 믿는 사람의 경우는, 교통사고로 덤프차에 치이거나 하면, 그때 몸이 엉망진창이 되어 피가 흐르는 상태를 '자기다'라고 100퍼센트 생각해 버리는 것입니다.

병이나 사고 등으로 죽은 사람은 사후에도 그 상태로 남아 있어서, 아직 중태이거나 합니다. 머리가 깨진 상태나 부상을 당하여 피가 콸콸 흐르는 상태, 혹은 심한 통증이 엄습하는 상태 등이 계속되는 것입니다.

예를 들면, 위암으로 세상을 떠난 사람은 육체는 이미 화장터에서 불태워져서 존재하지 않기 때문에 위장이 아플 리는 없습니다. 그런데 죽어서 몇 년이나 지났는데도 그 위암의 통증이 아직 계속되거나 합니다.

그리고 심장에 탈이 있어서 죽은 사람도, 이미 육체는 화장터에서 불태워져서 존재하지 않는데도 아직 '심장이 아프다, 아파'라고 헉헉거리기도 합니다.

이런 사람은 어떤 의미에서는 '정신생활이 빈곤했다'라고 하면 그 말대로입니다. 마음의 영역이 경작되지 않았던 것입니다.

그들은 그야말로 의사가 하는 말대로 두뇌와 신경에 의해 정신이 발생한다고 생각했던 셈이어서, 그런 수준으로 살고 있었던 사람들입니다.

공양 전에 알아두어야 할 '파장동통의 법칙'

이처럼 조상이 지옥에서 헤맬 경우도 있고, 조상의 영이 자손에게 빙의한 때도 있습니다. 실세로 그런 것을 니는 많이 보아 왔습니다.

그렇지만 영계에는 '파장동통波長同通의 법칙'이라고 하는 것이 있어서 '빙의되는 자'와 '빙의한 자'와는 생각이 통해 있는 것입니다. 그렇지 않으면 빙의령憑依靈은 지상 사람에게 씌어 있을 수 없습니다. 빙의령이 오래 씌어 있을 수 있는 것은 양자가 가진 마음의 생각이 닮았기 때문입니다.

예를 들면, 이 세상에 살아 있는 사람이 누군가를 강하게 원망하거나 미워하거나 하는 마음을 가지고 있다고 합시다. 그 경우, 저 세상의 지옥계에 떨어져 사람을 원망하거나 미워하거나 화내거나 하는 조상이 있으면, 양자의 파장이 통해 버립니다.

그러자 자손이 그 생각을 계속해서 갖는 한, 조상은 언제까지나 빙의할 수 있고, 빙의된 사람의 운명을 나쁘게 만듭니다. 그 사람을 병에 걸리게 하거나, 사업을 성공시키지 않거나, 잘못된 판단을 시키거나 할 수 있는 것입니다.

그런 의미에서는 '조상이 헤매고 있어서 자손을 괴롭힌다'라는 현상이 있습니다.

하지만 그 경우여도 '먼저 자손 쪽이 자기 자신의 마음을 바로잡는 것이 중요하다'라고 말해 두고 싶습니다.

POINT

- 자손 쪽이 자기들의 불행을 '조상의 탓'으로 하는 공양은 잘못되었다.

- 조상이 헤매는 것은 생전의 '본인의 삶의 모습'에 문제가 있었기 때문
  이다. 부적이나 계명 등으로 구제되는 것은 아니다.

- 올바른 종교인가 아닌가를 구별하는 방법은 '반성'과 '자기 책임'을 가
  르치는가 아닌가에 달려 있다.

- 조상의 영에 의한 탈은 '파장동통의 법칙'으로 일어난다. 우선 자손 쪽
  이 자기 자신의 마음을 바로잡는 것이 중요하다.

자기 죽음을 인정하지 않는 예전 좌익정치가의 영

영의 모습으로 왔는데도 '저 세상은 없다'라고 말한다

A '스스로가 죽었다는 것을 아직 모른다'는 것은 우선 하나의 문제네요.

도이 타카코土井たか子
그런 건 말이지, 그따위 것 말이지, '죽어서 저 세상이 있다'라고 생각하는 사람 따윈 절반도 없겠지.

A 아니, '있는가, 없는가'는 이제 어느 한쪽인데요.

도이 타카코
지금으로서는 '없다'라고 말하지 않을 수 없네.

A 아니, '있다'는 것이니까 당신은 지금 여기에 있어요.

도이 타카코

아니, 그러니까 '내가 있다'라는 건 '저 세상은 없다'는 것이지.

A 다만, 지금인 채로 살아 있다고 생각한다면, 계속 그 주변을 맴돌지 않으면 안 되게 됩니다만.

도이 타카코

당신, 죽으면 의식은 없어지지 않는가?

'나는 존재하기 때문에 살아 있다'라고 계속 말한다

도이 타카코

어쨌든 나는 아직 존재하고 있어. 그러니까 죽었다고 하면 안 돼. 존재는 하고 있으니까.

A 존재하고 있어요. 다만, 좀 더 지나면 누군가가 인도해 줄 것입니다. 설득하러 올 가능성도 있으므로.

도이 타카코

'삼권三權의 대표'를 하던 나를 인도한다니 무슨 말인가?

A 그러니까, 저 세상의 세계에는 더 훌륭한 분이 있으니까요.

도이 타카코

그러니까 '아직 살아 있다'고 하는데, 왜…….

B 최근이라도 좋습니다만, 병실에 계셔서 좀처럼 대화가 잘 통하지 않은 상태는 아니었습니까?

도이 타카코

그야 언제나 그렇지.

B 언제나?

도이 타카코

통하지 않아. 자네, 오늘은 매끄럽게 목소리가 나와서 대화를 잘할 수 있어서 내 목소리가 잘 들리겠군. 뭔가 내 목소리를 알아들을 수 없는 사람이 많아. 뭔가 '난청難聽'의 사람이 늘어나서…….

A 병원의 의사도 알아듣지 못하는 셈이죠?

도이 타카코

목이 말이지, 역시 말이지. 거리에서 선전을 오래 하다 보면 목이
아파서 목소리가 엉망이 되니까 말이지, 점점.

B 앞으로도 그것이 계속됩니다. 지금 살아 있는 사람에게는 당신
의 목소리가 들리지 않아요.

도이 타카코

그건 이상하지 않나? 그건 '사후의 세계'라고는 할 수 없겠지?

제3장

올바른 공양으로
고인도, 유족도
행복해질 수 있다

1.
천국으로 돌아간 사람에 대한 공양의 모습

'감사'의 마음이 고인의 '덕'이 된다

조상 공양이라고 해도, 천국에 돌아간 사람과 지옥에 떨어진 사람으로 크게 나뉩니다.

천국에 돌아갔을 경우는 '이 세상의 수행을 멋지게 완성하여 졸업했다'라는 것이 됩니다. 죽음이라고 하는 것은 이른바 이 세상의 졸업식이며, 저 세상으로 가는 것은 입학식입니다.

따라서, 죽음은 경사스러운 일이며 지상에 남은 사람들은 천국에 돌아간 사람에 대해 '멋지게 수행을 마칠 수 있어서 축하합니다'라고 해야 합니다.

그리고 '우리 자손은 조상님 여러분을 긍지로 여기고 있습니다. 여러분을 본보기로 해서 앞으로도 노력하고 정진할 터이므로, 부디 저희를 지도해 주세요. 또 여러분의 은혜와 덕에 보답하기 위해 매년 설날이나 추석에는 여러분에게 감사를 드리고 싶습니다. 이 마음을 부디 받아 주세요'라고 말하면 좋습니다.

육체를 받은 것을 비롯하여 조상으로부터 여러 가지 은혜를 받고 있었을 테니까, 매년 한 번인가 두 번은 제대로 감사하는 것이 중요합니다. 매일 할 필요는 없습니다만, 1년에 한두 번은 상기해서 감사드리면, 천국에 돌아간 조상도 기뻐할 것입니다.

자손으로부터 '고맙습니다'라고 감사를 받는 것은 조상에게 덕이 있었다는 것을 의미합니다. 저 세상에서 주변 친구들로부터 '당신은 자손으로부터 대단히 사모 받고 있네요. 생전에 상당히 덕이 있었던 것이겠지요'라는 말을 들으므로, 저 세상 사람도 역시 기쁩니다.

또, 친구나 지인이 세상을 떠났을 때도, 지상 사람이 상기해 드리면 그들은 기쁜 것입니다. 반대로 아무도 공양해 주지 않는다는 것은, 유족이나 자손에게 버림받았거나, 생전에 낳은 사람으로부터 미움을 받았다는 것이 됩니다.

남겨진 사람들이 솔선해서 공양해 준다는 것은 그 사람에게 무언가 덕이 있었다는 것입니다.

요컨대, 천국에 돌아간 사람에 대해서는 지상의 인간이 구제할 필요는 없으므로, 저 세상에서의 활약을 기도함과 동시에 '저희에게 때때로 지도해 주세요'라고 기도하면 됩니다.

부모로부터 받은 것은 태산처럼 많다

부모로부터 받은 것은 0살 때부터 나옵니다.

부모는 젖을 주거나, 기저귀를 채워 주거나, 울면 달려와 주거나, 잠들게 해 주거나, 똥이나 소변을 보면 기저귀를 갈아 주거나 했을 것입니다. 그리고 자기는 제멋대로 말하거나, 밤에 크게 울거나 했고, 유치원 시절에는 여러 가지로 다치거나, 병을 앓거나, 문제를 일으키거나 했던 일이 있으며, 게다가 초등학교 이후에도 그런 일은 계속 있었을 것입니다.

그처럼 부모님이 해주신 것을 상기해 보면 태산처럼 많이 나옵니다.

그 다음에 자기가 해드린 것을 상기해 봅시다.

0살 때 해드린 것은 뭔가 있었습니까? '소변을 봐주었다'라든지, '똥을 누어 주었다'라든지, '부모에게 기저귀를 갈게 해주었다'

라든지, '나를 욕탕에 담그게 해주었다'라든지, 그와 같은 표현도 있을지 모르겠습니다만, 자기가 해드린 것은 아무리 생각해도 나오지 않는 법입니다.

1살 때라도 나오지 않고, 2살, 3살 때를 생각해 봐도 거의 나오지 않을 것입니다.

있었다고 해도 기껏 '잘 됐다'라고 부모가 기뻐해 주었을 정도입니다. '아기가 태어나서 좋았다'라든지, '귀엽다'라든지, '1살에 일어섰다'라든지, '말을 할 수 있었다'라든지, 그런 것으로 기뻐해 주었던 적은 있었을지도 모르겠습니다.

하지만 자기가 해드린 것은 아무것도 나오지 않습니다. 상기하고 상기해도 정말로 나오지 않는 법입니다.

초등학생 정도가 된 다음을 생각하면 '뭔가 작은 친절을 베풀었다'라는 정도가 조금씩 나오는 것입니다만, 부모가 해주신 것은 태산처럼 많은 것에 비해, 자식으로서 해드린 것은 거의 없습니다.

중학교 시절, 고등학교 시절에도 정말로 미비할 뿐입니다.

부모란 몸을 깎아서라도 아이에게 주는 법

우리 아버지가 젊으셨을 때를 돌아보면, 내가 초등학교 저학년 때를 상기합니다.

고향인 도쿠시마현德島縣에 있는 아와가와시마阿波川島역을 나와서, 지금 '행복의 과학 성지 가와시마川島 특별지부'가 있는 거리의 막다른 곳을 오른쪽으로 돈 곳에, 예전에 '가와시마 온천'이라는 이름의 대중탕이 있어서, 굴뚝이 서 있었습니다. 초등학교 저학년 때, 나는 아버지와 함께 세면기를 들고 거기에 다녔습니다.

그때를 생각하면 먼저 아버지가 내 등을 밀어주시고, 다음에는 내가 아버지의 등을 밀어주는 흐뭇한 풍경이 떠오릅니다.

아버지는 내가 태어났을 때 사업에서 크게 실패하셨습니다. 회사를 일으켜서 대표가 되었지만 3년 만에 도산했으므로, 그 후 20년 정도 부채를 짊어지면서 여러 직장에 근무하면서 일하고 있었습니다.

그와 같이 인생의 도중에 좌절한 분이었습니다만, 아버지의 등에는 칼로 한쪽 어깨부터 다른 쪽 허리로 비스듬하게 베인 것 같은 상처가 있었습니다. 수술 당시, 등을 메스로 자르고 봉합했을 때 생긴 상처가 남아 있었던 것입니다.

옛날에 영양실조가 되는 사람이 많았던 시절에는 결핵이 유행하여, 당시에 아버지도 결핵에 걸렸습니다. 다만, 아버지의 경우는 영양실조라기보다도 일에서의 스트레스 등도 있었다고 생각됩니다.

옛날에는 수술이 조잡했던 것으로 생각됩니다만, 결핵 수술을 했을 때도 늑골을 3개 정도 잘랐다고 합니다. 아버지의 어깨에서부터 등에 걸쳐서 크게 자른 흔적이 있었습니다. 목욕탕에 가면 많은 사람이 보므로 '사실은 부끄럽겠구나'라고, 칼에 베인 것 같은 등을 밀면서 어린 나는 생각하고 있었습니다.

사실은 세상을 떠나도 어쩔 수 없을 정도의 큰 병이었음에도 불구하고, 살아남아 주신 덕택에 나도 학교를 어떻게든 무사히 졸업할 수 있었고, 도쿄까지 유학을 보내 주셨습니다.

그것을 나중에 다시 생각해 보니, 아슬아슬하게 위험한 상태에서 아버지가 살아남아 주신 것에 대해 감사한 마음이 솟아납니다. 그런 것을 생각하니 대단히 가슴이 뭉클해지는 느낌이 듭니다.

또 형과 내가 학생이었던 시절에는 현금 등기우편으로 돈을 보내주셨습니다.

당시 아버지의 월급 액수는 14만 엔 정도였다고 기억하는데,

나와 형에게 현금으로 5만 엔씩, 합계 10만 엔을 보내주고 계셨으므로, 부모님의 실제 수입은 아마 2만 엔 정도밖에 없었던 것이 아닐까 생각됩니다. '집에서는 어떻게 먹고 지내실까'라는 이야기를 형과 함께 했던 것을 기억합니다. 1만 엔이나 2만 엔으로 생활할 수 있을 리는 없으므로 '무엇을 해서 먹고 지내시는 걸까? 매일 채소 절임만 드시는 걸까' 등으로 말하고 있었습니다. 이처럼 부모가 되면 자신을 희생해서라도 해주시는 것입니다.

당시를 돌아보면 '그런 것을 느끼면서 공부를 하고 있었구나'라고 생각하는 일이 있었습니다.

2.
지옥에 가는 사람들을
구별하는 방법

그 사람이 알 수 있는 형태로 진리를 전한다

한편, 조상 공양에서 큰일인 것은 지옥에 떨어진 사람의 경우입니다.

역시 조상 공양은 착실히 진리를 공부한 다음에 해주셨으면 합니다.

죽은 사람이 영계靈界에 관한 지식을 전혀 가지고 있지 않으면, 그 사람은 내 설법을 들어도 사기의 파동과 맞지 않는다는 것을 알 뿐이며, 설법 내용을 바로 이해하지 못합니다. 살아 있는 사람 중에도 내 설법을 듣고 이해하지 못하는 사람이 있습니다만, 죽은 사람이어도 그런 사람이 있는 것입니다.

따라서 조상 공양을 할 때는, 자손이 돌아가신 분의 수준에 맞춰서, 내가 설하는 가르침의 일부를 이해하여, 그 사람이 알 수 있는 형태로 전해 드리는 것이 중요합니다.

성묘하거나, 선향을 올리거나, 음식을 공양하거나 해도 좋습니다. 다만, 그때 그 사람이 생전에 살았던 모습을 상기하면서 '이 사람이 잘못한 곳은 아마 여기일 것이다'라고 생각되는 점에 대해, 그 사람에게 필요한 진리를, 소리 내어 말해도 좋고, 마음속으로 말해도 좋으므로, 음미하면서 전해 드리는 것입니다.

천상계로 올라가기 위해서는 신앙이 필요하다

그러면 지옥에 떨어지는 사람에게는 생전에 어떤 잘못이 있었겠습니까?

우선, 지옥계는 기본적으로 신앙심이 없는 사람들의 세계입니다. 거기에는 신도 부처도 믿지 않은 사람들이나, 생전에 종교심이 있는 것처럼 치장했지만, 실은 위선자여서 진실로 믿지 않았던 사람들이 있습니다. '일요일마다 교회에 다니고 있었지만, 사실은 전혀 믿지 않았다. 겉꾸밈이나 체면 때문에 교회에 나가고

만 있었다'라는 사람들도 지옥계로 가 있습니다.

천상계로 올라가기 위해서는 우선 신앙이 필요합니다. 신앙이란 부처와 신을 믿는 마음입니다. 우선 '인간은 영적 존재다. 영계야말로 진실한 세계이며, 지상은 임시의 세계다'라는 것을 믿지 않는다면 천국에 들어갈 수 없습니다. 우선, 이 신앙의 원시적 형태가 없으면 천국에 들어갈 수 없는 것입니다.

지옥의 영은 사람을 다그치는 마음이 강하다

나는 과거에 몇백, 몇천이라고 하는 수의 지옥령地獄靈을 보아왔습니다만, 지옥령에게 공통되는 특징으로서 최초에 떠오르는 것은 사람을 다그치는 마음이 극히 강하다는 것입니다.

사람을 다그치는 마음을 더욱 분해해 보면, 원한의 마음이 강하다는 면이 있습니다. 원한으로 생각하는 마음, 혹은 피해망상식의 감각이 극히 강합니다. 즉, '자기가 지금 행복하지 못한 것은 다른 사람이 자기를 해쳤기 때문이다'라는 사고방식입니다.

그리고 그 사람이 염혼이 강한 유형일 경우에는 다른 사람에게 해를 당했다고 하는 생각이 적극적으로 타인을 원망하거나 공격

하거나 하는 마음이 됩니다. 반면에, 생각이 약한 유형일 경우에는 자기비하적인 방향으로 가게 됩니다. 어쨌든 타인의 탓으로 하는 경향이 극히 강합니다.

자기의 마음속을 볼 때, 빼앗는 사랑 쪽에 서 있어서 타인을 책망하는 마음이 대단히 강하면 지옥에 갈 가능성이 상당히 크다고 생각하지 않으면 안 됩니다. 자기가 지옥에 갈 것인가 아닌가는, 타인으로부터 지적당할 것까지도 없이 자기 자신의 마음에 물어보면 알 수 있는 것입니다.

사람을 다그치는 마음이 대단히 강하여, 하루 동안에 왔다가는 생각 속에서 그와 같은 마음이 차지하는 시간이 상당히 길 것 같으면, 그 마음은 지옥에 통해 있을 가능성이 큽니다.

'집요한 성격'을 가진 사람은 사후에 유령이 되기 쉽다

그리고 타인의 말을 대단히 직설적으로 받아들이는 경향이 있는 사람이 있다고 생각됩니다.

다른 사람으로부터 안 좋은 말을 듣거나 하면 그것을 매우 심각하게 받아들여서 오래 마음속에 품어버린 결과, '아직도 그것을 생각하고 있었나?'라고 놀라는 면이 있습니다. 말한 쪽은 그때의 마음을 솔직하게 말했을 뿐이며, 다음날에는 까맣게 잊고 지냈는데, 들은 쪽은 몇 년이나 계속해서 생각하고 있었던 셈입니다.

그것은 진지한 성격이라고 해야 하는지도 모르겠습니다만, 집요하다고 하면 집요한 성격입니다. 그 집요함은 사후에 유령이 되기 쉬운 성격이기도 하므로 조심하는 것이 좋습니다. 유령이 되지 않으려면 산뜻한 성격이 요구되는 것입니다. 산뜻한 성격의 유령은 거의 없습니다.

유령이 되는 유형의 사람은 전부 집요하여, 똑같은 것을 몇 년이나 계속 말하는 식의 집착, 집념이 있습니다. 뭔가에 대해 강한 집착, 집념이 있거나 '집착을 끊지 못한' 생각을 잊을 수 없거나 하는 것이 '유령의 원칙'이므로, 될 수 있는 한, 마음을 비워서 시원시원한 성격을 만들어 가는 것이 '유령이 되지 않기 위한 조건'입니다.

'제행무상', '제법무아', '열반적정' 가르침의 중요함

그런 의미에서는 불타가 설하는 '제행무상', '제법무아諸法無我', '열반적정涅槃寂靜'의 가르침은 역시 옳습니다.

'제행무상'이란 '세상은 변화해 가는 것이다'라는 것이며, '제법무아'란 '이 세상에는 실체가 있는 것은 없다. 이 세상에서 눈에 보이고 만질 수 있는 것은 전부 다 사라져 가는 것이기에, 그런 것에 사로잡혀서는 안 된다. 그럴 것이 아니라 보편적인 것 쪽으로 마음을 향해 가지 않으면 안 된다'라는 것입니다.

그리고 '열반적정'이라는 것은 깨달음의 세계입니다. '저 세상의 깨달음의 세계는 적정寂靜의 세계, 즉, 대단히 맑게 트인 조용한 곳이며, 더러움이 없는 파동의 세계다'라는 것입니다.

사후, 유령이 되지 않으려면 이런 가르침이 중요합니다.

지옥에 가는 사람의 특징인 '마음의 삼독'

조상이 지옥에 떨어진 원인을 가르쳐 드릴 수 있으려면, 공양하는 사람 자신이 그것을 알고 있지 못하면 안 됩니다. 요컨대,

자기도 또 지옥에 떨어지지 않도록 잘 점검할 수 있는 인간이 아니면 안 되는 셈입니다.

그러면 그 외에 무엇을 점검할 것인가? 그것은 '탐貪, 진瞋, 치癡'라는 마음의 삼독입니다.

① 탐욕의 마음

'탐'이라고 하는 것은 탐내는 것, 탐욕의 마음입니다. 행복의 과학의 진리로 표현 한다면 '빼앗는 사랑'에 살았던 사람입니다. 이 빼앗는 사랑, 탐욕의 마음으로 살았던 사람은 대부분이 지옥에 가는 셈입니다.

이 '탐'의 특징은, 자기 자신이 잘 모른다는 것입니다. 하지만 타인이 보면 대단히 잘 알 수 있습니다. '저 사람은 욕심이 많은 사람이구나. 탐욕스러운 사람이구나. 사람의 마음을 전혀 모르는 사람이구나', '언제나 가져갈 생각만 한다. 언제나 빼앗을 것만 생각하고 있다'라는 것을 본인이 모르는 경우가 제법 많습니다만, 타인이 보면 10명 중에서 거의 8~9명은 '그렇다'라고 밀힙니다. 자기를 올바로 본다는 것은 그만큼이나 어려운 것입니다.

이 욕심의 깊이를 없애려면 역시 '족할 줄 아는 마음'이 대단히 중요합니다. 그리고 '보시의 마음'도 중요합니다. 종교에서는 보시를 자주 말합니다. 보시라는 것은 자기 것을 베푸는 마음입니다만, 베풂으로써 집착이 떨어지는 것입니다.

② 노여움의 마음

그리고 '진'이라고 하는 것은 노여움입니다. 불끈 화가 나는 마음이 있는데 이것도 대개는 불평불만입니다. 자기가 생각한 대로 되지 않는 불평불만으로부터 화가 나는 것입니다. 그러므로 할아버지, 할머니, 아버지, 어머니를 상기해 보고서 '저 사람은 성미가 급한 사람이었네요. 자주 불끈 화를 내서는 주변에 화풀이를 하고 있었네요'라고 하는 면이 있으면, 그것이 원인이 되어 지옥에 갔을 경우가 많은 셈입니다.

그러므로 '자기가 본 바에 의하면 저 사람은 자주 화를 내는 사람이었구나', '저 사람은 자주 화를 낸다고 하는 소문을 타인한테서 듣는구나' 등의 사람에 대해서는 '지옥에 떨어져 있다고 한다면 아마 그것이 이유가 되겠구나'라는 것을 알 터이므로, 온화한 마음으로 사는 것이 얼마만큼이나 중요한지를 지상 사람이 가르쳐 드릴 필요가 있습니다.

'매사에 성미 급하게 굴어서는 안 됩니다. 다른 사람도 모두 부처의 자녀입니다. 조화롭게 사는 것이 중요합니다. 그리고 모두

가 조화롭게 살기 때문에 행복해질 수 있는 겁니다. 자기가 생각한 대로 되는가 되지 않은가만 따지고 있어서는 안 됩니다. 그래서는 다른 사람에게 폐를 끼치는 것은 전혀 생각하고 있지 않는 것입니다. 그렇게 바로 화를 내는 마음은 안 됩니다'라는 것을 가르쳐 드릴 필요가 있습니다.

③ 어리석은 마음

그리고 '치'라는 것은 어리석음입니다. 이 어리석음은 반드시 머리가 나쁘다는 의미는 아닙니다. 이 세상적으로는 머리가 좋아도, 이 '치'가 되는 사람은 많습니다. 요컨대 '불법진리를 모른다'는 것입니다. 불법진리를 모르는 사람은 어리석게 보이는 것입니다. 불법진리를 아는 사람이 보면 전혀 다른 방향인 쓸모없는 노력을 하고 있어서, 자기의 목을 조르는 것 같은 일을 열심히 하는 것입니다만, 이 세상적으로는 머리가 좋은 사람일 경우가 제법 많습니다.

이 '치'라는 것은, 요컨대 불법진리에 우둔한 것입니다. 이리석은 것이란 불법진리에 우둔한 것입니다.

현대의 유물론적인 학문이 갖는 위험성

어느 정도 깨달음의 기연이 있는 종교적인 사람의 경우는 비교적 빨리 설득이 시작되어, 저 세상에서의 인도는 매우 원활하게 진행됩니다만, 이 세상에서 종교를 전혀 믿지 않았던 사람의 경우는 어렵다고 할 수 있습니다.

조직폭력배 등이 아니라 이공계 교사 등으로 유물론적인 사람도, 설득하기는 좀처럼 어렵습니다.

저 세상에 가도 제대로 식물도 있고 꽃도 피어 있고, 강을 보면 물고기조차 헤엄치고 있습니다. 그 때문에 그들은 '여기는 저 세상이 아니다'라고 끝까지 우깁니다. '이건 이 세상이다'라고 끝까지 우겨서 어떻게 할 수도 없습니다. 그런 사람을 설득하기는 또한 어려운 일입니다.

그들은 따로 행동 면에서 악인이었던 것은 아니고, 현대 학문이 뒤처졌기 때문에 이해를 못했을 뿐입니다. 현대의 학문을 몇 십 년이나 공부했기 때문에 지식만 풍부해져서, 그것을 버렸더라면 좋았습니다만 버리려고 해도 버릴 수 없는 것입니다.

'나는 이공계 교사를 30년이나 했다', '나는 대학에서 연구하고 있었다' 등의 말을 하는데, 승려가 가서 이야기를 해주어도 좀처럼 들어주지 않습니다. 그들은 '무슨 소리를 하는 거냐? 너는 종교학과가 아니냐? 이쪽은 물리학과다. 우리 쪽이 머리가 좋은 것이다. 승려 따위에 설득당할 줄 알았냐' 등으로 끝까지 우기고 있습니다. '우리 쪽이 시대의 최첨단이어서 뛰어난 것이다'라고 말하는 셈입니다.

그리고 뇌 전문의이면서 두개골을 많이 늘어놓고 '이런 것은 아무것도 아닙니다. 물질밖에 없으니까요. 죽으면 끝이니까요' 등으로 말하는 사람도 있습니다. '두개골과 함께 잠을 자도 태연하다'라는 말을 하는 뇌 전문의는 많이 있습니다. 매일 두개골을 보거나, 뇌를 포르말린에 담그거나 해서 '아무것도 느끼지 않아요. 별다른 일도 없습니다' 등으로 말하며 무감각하게 즐기는 사람들입니다.

이런 사람들을 설득하기도 상당히 어렵습니다.

이처럼 개인적으로 무엇을 믿었는가에 따라 구제되거나 구제되지 않거나 하므로, 종교를 믿지 않았던 사람들, 혹은 물리계통의 실험만 했던 사람들은 좀처럼 구제하기가 어렵습니다.

그런 사람들에게는 지금 그들이 있는 것과 같은 현대식 지옥에서 일정한 기간 동안 공부를 시키지 않으면 어쩔 수 없습니다.

3.
자손이 진리를 배우는 것이
최대의 공양이 된다

반성만 한다면 천국으로 돌아갈 수 있다

　내세에서는 반성만 제대로 한다면 모두 천국으로 돌아갈 수 있습니다. 자기 자신의 마음의 바늘 방향을 바꾸고 생각을 바꿔 넣는다면 천국으로 돌아갈 수 있습니다. 하지만 돌아가신 조상은 그런 것을 모르므로 살아 있는 자손 쪽이 실천해 보이는 것입니다.

　조상은 언제나 가족 쪽을 보고 있으므로, 자손이 실천해 보이면 '이렇게 하는구나. 저런 사고방식을 가져야 하는구나. 사람에게 사랑을 주고 그것을 공훈으로 삼지 않는다. 다른 사람에게 상냥하게 살아간다. 그런 삶을 우리 자손은 사는 것 같다. 과연, 자

기는 그런 삶을 살지 않았구나. 이것이 잘못이었구나'라고 알아
차려 주실 수 있습니다.

회향으로 조상의 괴로움을 완화한다

불교에서 말하는 회향廻向이라는 것은, 요컨대 자기가 가지고
있는 빛을 다른 분에게 드리는 것, 자기가 가지고 있는 애정을 다
른 분에게 드리는 것, 혹은 자기가 가지고 있는 덕을 다른 분에게
돌려 드리는 것을 말합니다.

원칙은, 물론 괴로워하는 본인이 나쁜 셈입니다만, 그와 같은
타력에 의해 다소 힘이 되어 드릴 수 있는 경우도 실제로는 있을
수 있습니다.

불법진리 학습을 하며 매일 정진하고 있으면 여러분의 마음속
에 빛을 축적할 수 있게 됩니다. '창고'가 만들어져서 그 창고 안
에 '부富'가 생겨나는 것입니다. 이 창고 안의 '부', 즉 '빛의 부분'은
여러분이 이 세상에서 만든 '덕'이라고 해도 좋습니다.

정진함으로써 매일 덕을 만들고 있는 셈입니다만, 이 덕을 조
상에게 전해 드릴 수 있는 것입니다. 그것은 여러분이 저금해서

돈을 가지고 있으면 어려움을 겪는 사람에게 기부해 드리거나, 도와 드리거나 할 수 있는 것과 같습니다. 여러분의 덕이라고 하는, 눈에 보이지 않는 정신적인 것이 있으므로 '회향'이라고 해서, 전해 드릴 수 있는 것입니다. '돌려 드릴' 수 있는 것입니다.

이렇게 하면 물에 빠진 사람에게 마치 튜브가 던져지는 것 같은 느낌이 듭니다. 어디까지나 스스로 거기서 나가지 않으면 안 되지만, 그 괴로움을 완화해 드릴 수 있습니다.

자손의 깨달음이 조상을 '성불'로 인도한다

요컨대, 성불하지 못한 영을 성불시킬 수 있는 것은, 소위 '법력'을 가진 사람입니다.

예를 들면, 나 같으면 성불하지 못한 영을 성불시키는 것은 가능합니다. 우선, 차근히 타일러서 성불하지 못한 영에게 자신의 잘못을 이해시키고, 그 후 천상계의 지원령支援靈들에게 명하여 그 성불하지 못한 영을 수행소修行所로 보냅니다. 그리고 본인이 일정 기간 거기서 반성하면 성불하는(천국으로 돌아가는) 것입니다.

보통 사람은 영능력자와 같은 법력을 가지고 있지 않겠지만,

진리를 배움으로써 어느 정도 '깨달음의 힘', '염의 힘'이 붙게 됩니다. 그런 사람이 경문을 읽으면 그 생각이 세상을 떠난 사람에게 전해져 가는 것입니다.

개인이 하는 공양은 품도 들고 효율도 그다지 좋지는 않습니다만, 지상 사람은 자기 자신의 수행을 겸하여 자기의 덕을 저 세상의 영에 회향하는 것이 가능합니다.

저 세상은 생각의 세계이며, 지상 사람이 생각하는 것은 저 세상의 영에도 전해집니다.

지상 사람이 세상을 떠난 사람에게 '당신은 이런 점이 틀렸습니다. 그것을 반성합시다. 나 자신도 노력해서 삶을 바꾸어 갈 테니까, 당신도 수행합시다'라고 늘 생각하며 5년, 10년, 지속적으로 수행을 계속해 간다면, 저 세상의 영도 차츰 정화되고 구제되는 것입니다.

승려를 택배를 발송하듯이 돈을 받고 보내게 된다면 절은 사멸된다

최근에는 컴퓨터로 주문을 받고 상품을 배송을 하는 기업이 '승려 택배'를 시작했습니다. 인터넷으로 '가격', '장소'부터, '누구를 (저 세상으로) 보낼 것인가'까지 입력하면, 거기에 맞는 '택배'처럼 찾아가는 승려가 있어서, 3만 엔이나 3만 5,000엔 정도를 받고 공양을 하러 가줍니다. 또 '거기에 정성이 깃들지 않은 것은 아니다'라고는 말하고 있습니다만, 사원 형태의 불교가 사멸해 갈 것이라는 점은 잘 알 수 있습니다.

역시 종교는 배송업자와는 다른 면이 있습니다. 그런 것이 아닙니다. 만일 택배 형태라도 좋다면, 그 다음에는 '실제로 사람이 가서 경전을 읽지 않고 CD를 보내서 그것을 틀면 끝'이라는 식으로 될지도 모르겠지요.

'편리성'의 뒤에서 상실되는 '근본적인 어떤 것'

공양 등에 대해 여러 곳에서 저렴하게 서비스해 주는 것은 좋습니다만, 그것으로 완성되었다고 생각한다면, 그 중심에 있는 극히 중요한 '정신적인 요소'가 빠진 것이 아니겠습니까?

즉, 절 자체에서부터 이미 정신적인 요소가 상실되어서 '사체 안치업^{安置業}'이나 '매장업^{埋葬業}', 혹은 '유골 관리업^{管理業}' 처럼 되어버렸기 때문에 거기에 안주하는 것이겠지요. 역시 유물론으로 흘러가면 불교도 그렇게 되는 것은 당연한 일입니다.

그런 유물론적인 모습이라면 다른 업자라도 할 수 없지는 않을 것이고, 싸게 할 수도 있을 것입니다. 이미 애완동물의 장례식과 변함없을 정도의 가격으로 점점 저렴해지고 있으므로 조금 무섭다는 느낌이 듭니다. 더욱 싸게 하려고 하면, 예를 들면, 재로 만들어서 강에 뿌리거나 바다에 뿌리거나, 혹은 '수목장樹木葬' 등이라고 하면서 산림에 뿌리거나 하면 그것으로 끝나 버립니다.

다만, '근본적인 것이 뭔가 빠지지 않았습니까?'라는 것을 느끼는 것입니다. 이에 대해서는 우리가 지금 끈기 있게 반론하는 중입니다. 역시 '세간의 상식'이라고 하는 것을 그대로 받아들여서는 안 됩니다.

그 세간의 상식도, 흐름으로서는 조금 전에 말한 것처럼 '이용이 간편하고 저렴하다는 것', 즉, '저렴해지는 서비스', '편리해지는 서비스'의 방향으로 모든 것이 흘러가는 것 같습니다만, 그 속의 중요한 부분을 상실한 것이 아닐까 하는 생각이 들어서 견딜 수 없습니다.

그 내용의 중요성을 모르는 채, 단순히 할인하면 모든 것이 좋아진다고 생각하는 것은 역시 큰 잘못이라고 생각합니다.

4.
올바른 공양의
마음가짐과 방법

≪불설 정심법어≫를 사용한 조상 공양

개인으로서 한 달에 한 번 정도 고인을 공양할 때는 "진리의 말씀 '정심법어正心法語'"라는 경문을 외우는 방법이 있습니다. 이것을 외워 드리면 대단히 잘 듣습니다.

이 경문은 행복의 과학 삼귀서원자三歸誓願者(불, 법, 승의 삼보三寶에 귀의할 것을 맹세한 사람)에만 수여되는 ≪불설 정심법어≫(종교법인 행복의 과학 간행), 혹은 ≪입회판 '정심법어'≫(종교법인 행복의 과학 간행)라고 하는 경전 속의 경문 중 하나입니다만, 예를 들면, 지금 고귀한 경전이라고 말해지는 ≪반야심경≫이나 ≪법화경≫보다 1만 배 정도의 힘이 있습니다.

≪반야심경≫이나 ≪법화경≫은 석가의 제자가 쓴 것입니다. 그것도 그 시대에 바로 쓰여진 것이 아니고, 몇백 년이나 시대를 내려가고 나서 편찬되었고, 게다가 중국어로 번역된 것입니다. 그리고 ≪반야심경≫ 등은 한자로 된 것을 그대로 읽을지도 모르겠습니다만, ≪법화경≫ 등은 자국의 언어로 번역해서 읽기도 합니다. 그러다 보니 종교적인 힘이 상당히 미약하다고 봅니다.

그렇지만 ≪불설 정심법어≫(앞에서 서술)라는 경전은 9차원 영계,[주] 최고영계 속의 불타 의식에서부터 직접적으로 내려온 것입니다. 따라서 지상에는 이 이상의 경문은 없다고 생각합니다. 과거에도 없었고 지금도 없습니다. 그러므로 이것은 실제로 1만 배 정도 효과가 있다고 생각해 주십시오. ≪반야심경≫을 1만 번이나 외우는 것과 ≪정심법어≫를 한 번 외우는 것과는 같은 정도입니다. 그 정도의 힘입니다. 그만큼의 힘을 가지고 있습니다. 신자는 이런 경문을 사용하는 것도 가능합니다.

또, 삼귀서원자에는 ≪기원문 ①≫, ≪기원문 ②≫(모두 종교법인 행복의 과학 간행)라는 경전도 수어십니다.

[주] 9차원 영계 : 저 세상(영계)에서는 한 사람 한 사람의 깨달음의 높이에 따라 사는 세계가 나뉘어 있다. 지구 영계에서는 4차원 유계(지옥계는 4차원의 일부에 있다)부터 9차원 우주계까지 있다. 9차원은 구세주의 세계이며, 석존이나 그리스도 등이 존재한다. ≪영원의 법≫(행복의 과학 출판 간행) 참조.

이 《기원문 ①》(앞에서 서술) 속에 "불설 원문 '조상 공양경供養經'"과 "불설 원문 '사랑하는 자녀, 중절아中絶兒 공양경'"이라는, 불타 의식으로부터 직접적으로 내려온 경문이 있습니다. 이 경문을 올리면, 올리는 사람 자신이 반성할 수 있고, 올바른 마음의 파동이 만들어지게 되어 있습니다. 저 세상 사람을 공양할 뿐만 아니라 살아 있는 인간 자신이 올바른 마음을 탐구할 수 있는 경문으로 되어 있으므로, 양쪽에 통하는 경문입니다.

이처럼 《불설 정심법어》(앞에서 서술)와 《기원문 ①》(앞에서 서술)을 사용하는 것이 기본적인 방식입니다.

이해하기 쉬운 경전 쪽이 구제력이 있다

똑같이 《기원문 ①》(앞에서 서술)에 있는 "불설 원문 '조상 공양경'"은 현대어로 대단히 이해하기 쉽게 쓰여 있습니다.

통상, 조상 공양을 할 때는 절의 승려가 《법화경》이나 《반야경》 등의 경전을 올리는 셈입니다만, 그와 같은 한문 경전은 유감스럽게도 대개의 영은 말의 의미를 잘 알지 못합니다.

경전의 한자는 오음吳音이라고 해서 독특한 방식으로 읽는 데다가 승려는 거기에 억양을 붙여서 읽으므로, 보통 사람은 말의 의미를 알지 못합니다. 그리고 살아 있을 때 들어도 모르는 것은 죽어서도 역시 알 수 없습니다.

그 때문에 '한문 경전에 의한 공양만으로 죽은 사람이 성불한다는 것은 우선 없다'라고 생각해도 좋습니다.

그렇다고는 해도 승려 중에는 수행을 쌓는 동안에 어느 정도 깨달음을 얻어서 저 세상에 대해 다소 깨우친 사람도 있습니다. 그런 사람이 경전을 올릴 때, 그 사람의 '성불해주면 좋겠다. 헤매지 말고 피안으로 건너가 주기 바란다'라는 생각 자체가 전해지는 일이 있으므로, 경전을 올릴 때 전혀 효과가 없는 것은 아닙니다.

다만, 경전 자체가 효과를 내는 것은 아닙니다. 어려운 말로 공양을 받아도 죽은 사람은 말의 의미를 전혀 알 수 없는 것입니다.

하지만 행복의 과학의 "불설 원문 '조상 공양경'"처럼 대단히 이해하기 쉬운 경문이라면, 여러분이 그것을 듣고 이해할 수 있는 것처럼, 세상을 떠난 사람도 이해하는 것입니다. 아이도 알이 들을 수 있는 말이라면, 세상을 떠나서 헤매는 사람도 어느 정도는 알 수 있습니다. 이해하기 쉬운 말로 쓰여 있으면 도리어 구제력이 늘어나는 셈입니다.

고인과 자손을 동시에 구하는
"불설 원문 '조상 공양경'"

　"불설 원문 '조상 공양경'"의 특징은, 저 세상 사람을 타이르면서도 동시에 이 세상 사람에게도 '자기도 그렇게 되지 않도록 하라'라는 훈계와 가르침을 마련한 점입니다.

　저 세상의 영인을 귀의하게 만들어서, 사정도四正道[주]를 가르치면서, 동시에 이 경문을 읽는 사람 자신도 '자기 자신을 돌아보고 나쁜 곳에 가는 일이 없도록'이라고 훈계하는 것입니다.

　따라서 이것은 저 세상과 이 세상이 동시에 구제되는 방법론입니다.

　이 경문은 지옥에 떨어진 사람을 염두에 두었으므로 이해하기 쉽게 가르침을 설하고 있습니다.

　다만, 조상 중에는 지옥에 간 사람도 있는가 하면, 천국에 돌아간 사람도 있습니다.

　부처가 아닌 몸으로는 조상이 천국에 돌아갔는지 지옥에 떨어

[주] 사정도 : 행복의 과학 기본교리인 '사랑, 지知, 반성, 발전'의 가르침. 인간이 행복해지기 위한 네 가지 길(행복의 원리)이며, 이것을 지키고 살면 사후에 반드시 천상계로 돌아갈 수 있다. ≪행복의 법≫ (행복의 과학 출판 간행) 등 참조.

졌는지 알 수 없는 경우도 많으므로 '지옥에 떨어졌으면 경전을 올릴 필요가 있지만, 천국에 돌아갔으면 경전은 필요 없다'고 생각하면, 어떻게 하면 좋은지 알 수 없게 됩니다.

하지만 '불타께 귀의하게 만든 다음, 사정도를 권한다'는 것이라면, 천국에 돌아간 조상에 대해서도 대단히 고귀한 일입니다. 조상은 생전에는 아마 행복의 과학 가르침에 거의 접하지 못했을 터이므로, 사정도를 해설해 드림으로써 저 세상에서의 수행이 더욱 진전될 수 있습니다. 그것은 조상의 영격靈格이 향상하는 원리가 되는 것입니다.

헤매는 아이의 영을 공양할 때의 마음가짐

≪기원문 ①≫(앞에서 서술) 안의 "불설 원문 '사랑하는 자녀, 중절아 공양경'"은 사정도를 해설해도 좀 어렵다고 생각되는 어린아이가 대상입니다. 예를 들면, 인공 유산이나 사산에 의한 중절아 혹은, 태어나서 머지않아 세상을 떠난 아이, 아직 철이 들기 전에 세상을 떠난 아이가 대상입니다.

자 보아라.

여기에 큰 부처님이

너희를 도우러 나타나셨다.

빛의 손에 이끌리어

빛의 나라로 돌아가거라.

아이는 이유를 전혀 알 수 없으므로 어떻게 할 수도 없습니다. 대개 부모가 있는 부근에서 어슬렁거리고 있습니다.

그래서 이 "불설 원문 '사랑하는 자녀, 중절아 공양경"으로 공양하면, 영계에 있는 엘 칸타아레[주]의 빛이 현상으로 나타나서, 그들에게는 금색으로 빛나는 큰 부처님이 구제하러 와주셔서 손을 뻗어주고 계시는 것처럼 보이는 것입니다.

이것은 대단히 이해하기 쉬운 설득 방법입니다. '구제하러 올 테니 그 손에 이끌려서 빛의 나라로 돌아가라'라고 말하는 것입니다.

[주] 엘 칸타아레 : 지구계 영단의 최고 대령大靈. 지고신至高神으로서 지구의 창세創世부터 관계하여 인류를 이끌어 온 존재. '엘 칸타아레'란 '아름다운 빛의 나라, 지구'라는 뜻. 행복의 과학의 본존. 그 분신 중 한 명이 인도의 땅에 석존으로서 하생했다. ≪태양의 법≫(행복의 과학 출판 간행) 참조.

부모를

결코 원망하여

울어서는 안 된다.

이미 지나간 일에 얽매이지 마라.

이제부터는

그쪽 세계에서 행복하게

즐겁고 밝게 놀아라.

여기서 '원망해서 운다'라는 것은, 예를 들면 인공 유산에 대해서입니다.

인공 유산은 좋지 않은 일이므로 권할 수는 없습니다만, 그대로 두면 어머니가 죽게 되는 경우나, 범죄행위에 의한 원치 않은 임신 등의 경우에 부득이하게 유산하는 사람도 있을 것으로 생각합니다.

다만, 정상적인 부부의 영위로 생긴 아이는 인연이 있는 아이이므로 인공 유산은 절대로 해서는 안 됩니다.

부모를 원망하는 마음이 있으면 아무래도 성불할 수 없습니다. 천상계로 올라갈 수 없습니다. 집안의 어디선가 가만히 있으면서 부모를 원망한다면 이것도 일종의 집착이므로 좋지 않습니다. 그 유감스러운 마음을 풀어주지 않으면 천국으로 올라갈 수 없습니다.

'부모가 나쁘다'라고 다그치는 것은 정론이며 정당하기도 합니다만, 그 유감스러운 마음을 가지고 있어서는 자기 자신도 구제되지 않으므로, 그것을 풀어주지 않으면 안 됩니다.

"네가 세상을 떠난 것은 몇 년이나 전의 일입니다. 언제까지나 그것에 구애되고 있어서는 앞으로 너의 혼수행魂修行이 없어요.

그쪽 세계야말로 진실한 세계예요. '이 세상에 태어나고 싶었다', '이 세상에서 살고 싶었다'라는 마음은 있겠지만, 이 세상은 임시의 세계예요. 이 세상에서는 오래 살아도 수십 년입니다. 저 세상의 세계야말로 진실한 세계이므로 그쪽에서 행복하게 살아야 해요.

이 세상에 대한 집착이나 구애됨, '태어나고 싶었다', '더 살고 싶었다'라는 마음을 풀고, 저 세상에서 행복하게 살고 있으면, 기회가 있을 때, 또 인간계人間界로 태어날 수도 있습니다.

인간계보다도 저 세상의 세계 쪽이 사실은 행복할 터입니다. 부모를 원망하는 마음이나, 이 세상에 집착하는 마음, '이 세상에 인간으로서 태어나고 싶었다', '살고 싶었다'라는 마음을 가지고 있어서는 행복해질 수 없어요. 저 세상 쪽이 행복한 세계이므로 그쪽에서 행복해지는 방법을 생각하세요."

　이런 것을 가르치는 것입니다.
　어린이들은 '자기는 죽어서 이렇게 헤매고 있는데 부모는 아무것도 해주지 않는다. 잊어버렸다'고 생각하고 있으므로, 부모가 '그렇지는 않단다. 네 행복을 바라고 우리도 부처님의 가르침에 귀의하여 정진하고 있단다'라는 모습을 보여 주면, 아이도 '흐뭇하다'고 느끼고 마음이 놓이는 것입니다.
　'자기를 위해, 아버지와 어머니도 불타께 귀의하여 수행하고, 남을 돕는 일을 해주고 있구나'라고 생각하면 아이도 '흐뭇하다'라며 기뻐합니다.
　그리고 '남을 돕는 일을 해서 천국에서 다시 만날 수 있는 날을 기대하고 있단다. 다시 그쪽에서 만날 수 있어. 이쪽에서도 너를 생각하며 제대로 수행하여 정진하고 있으므로, 저 세상으로 돌아갈 때 다시 천국에서 만나자'라는 말을 해주면, 세상을 떠난 아이도 대단히 기뻐하는 것입니다.

저 세상에서도 '육아와 관련된 일'이 있다

개중에는 어린아이인 상태로 세상을 떠나서, 부모보다 먼저 죽는 사람도 있어서 '왜 이런 심한 일, 비참한 일이 있는가'라는 경우도 있습니다.

하지만 여러 경험을 하여, 여러 느낌을 가지며 삶을 살아가는 사람을, 일정한 인원수, 이 세상에서 영계로 공급할 필요가 있는 것입니다. 그 때문에 갓난아기로 세상을 떠나는 사람이나 유아로 세상을 떠나는 사람도 있는 셈입니다.

그런 사람은 애초에는 죽었을 때의 모습인 채 저 세상으로 이행합니다. 그것에 대해 저 세상에서도 '갓난아기를 돌본다', '유아를 기른다', '초등학생을 길러서 교육한다'는 등, 그와 같은 혼수행을 하는 사람들이 있습니다. 그 사람들을 위해 새로운 혼이 제공될 필요도 있습니다.

저 세상에 돌아가도, 이 세상의 육아 면에서 뭔가 후회가 남은 사람은, 혼의 세계에서 육아 연습을 하고, 이 세상에서 남겼던 부분을 수행하기도 합니다. 또 저 세상에 가도 아이를 좋아하는 사람, 아이를 키우거나, 아이와 놀거나, 아이를 지도하거나 하는 것을 좋아하는 사람도 많이 있습니다. 그런 사람들에게 역시 아이의 혼을 공급할 필요도 있는 것입니다.

물론, 죽어서 저 세상에 돌아가면 나이는 자유자재로 변합니다만, 그것은 저 세상에서 영적인 존재의 의미에 대해 깨달은 사람의 경우이며, 보통은 역시 죽은 다음은 얼마 동안, 1년이나 3년 동안은 죽었을 때의 모습으로 지내는 일이 많습니다.

그와 같이 저 세상에서 아이를 키우는 사람도 있습니다. 타인의 아이를 양육하는 사람도 있고, 학교의 교사처럼 가르치는 사람도 있습니다.

여러 나이인 사람이 오는 것은, 저 세상에서는 고마운 일입니다. 그와 같은 새로운 경험을 쌓는 사람이 많이 있는 것입니다.

종교적인 시설은 '영계와 교류하는 장소' 다

여기서 무덤이 갖는 의미에 대해 생각해 봅시다.

동양과 서양에서의 모습은 여러 가지로 다르지만, 무덤에는 일종의 '안테나'와 같은 역할이 있습니다. 요컨대 성묘하거나 위패를 모시거나, 그와 같은 공양 스타일을 가짐으로써 천상계나 지옥계에 있는 돌아가신 분과 마음이 통하는 교차점이 되는 면이 있습니다. 그 의미에서, 실은 중요한 일입니다.

　보통 사람은 영능력자가 아니므로 '생각하면 바로 죽은 사람과 통한다'라는 일은 거의 없습니다. 하지만 예를 들면, '추석이라면 확실하게 공양을 받는다(제사해준다)', '기일忌日에는 공양을 받는다'라고 세상을 떠난 사람이 기대할 때, 유족에게 공양하려고 하는 마음이 있어서, 묘원, 묘지와 같은 곳에서 공양한다면 그 마음이 이어지는 것입니다. 양쪽의 전화가 이어진 것 같은 식으로 되어서 서로의 마음이 통하는 일이 있는 셈입니다.

　실제로 죽어서 저 세상에 돌아가면 저 세상에서의 일이 있으므로, 일단 그쪽에서 바쁘게 일하지 않으면 안 됩니다만, 때때로 자손에 대해서도 상기하여 '어떻게 살고 있을까', '어떻게 하고 있을까'라고 걱정하는 사람도 있습니다. 그럴 때, 역시 조상 공양이나 뭔가의 의식 등으로 만날 수 있는 장소가 있으면 그렇게 상기할 수 있습니다. 그런 의식이 있으면 세상을 떠난 사람 쪽도 몇십 년인가는 기억하는 법입니다. 다만, 그것을 지나면 대체로 이 세상을 잊게 됩니다.

　그 의미에서는 자기의 가족이 살아 있는 동안에는 이 세상과 접촉하기 위한 무언가의 방법이 남아 있는 것이 좋다는 것입니다.

예를 들면, 행복의 과학 도쿄 정심관東京正心館 등의 정사나, 전국의 지부, 내세행복원來世幸福圓. 묘원 등의 종교시설은 일종의 '영계와 교류하는 장소'이기도 합니다.

행복의 과학 공양 대제에 담긴 영적 의미

조상 공양에 임할 때는 부디 원점을 틀리지 말아 주십시오. 조상을 공양하기 위해서는 그 전제로서 공양하는 쪽에 수행이 필요합니다. 우선 불법진리를 학습할 것, 진리서적을 읽고 행복의 과학 각종 행사에 참가하여 학습을 심화할 것, 그리고 부처의 빛 감각을 익히는 것이 중요합니다. 그 결과, 그 빛의 일부를 회향해 갈 수 있게 되는 것입니다.

요컨대 '깨달음의 힘'에 의해 조상은 공양을 받게 되는 것입니다. 이것이 원점입니다.

그것을 위해 행복의 과학 총본산 정심관總本山正心館에서는 총본산 조상 공양 대제나 영대 공양永代供養 등을 실시하고 있습니다. 또 전국 및 전 세계의 각 지부에서도 1년에 2번, 공양 대제를 하고 있습니다.

따라서 행복의 과학 공양 대제 등에 참가하여 빛이 강한 사람들과 함께 공양하는 것이 좋습니다. 도시導師가 있는 쪽이 안전하고, 다른 참가자들의 빛에 의해서도 지켜지므로, 그와 같은 장소에서 공양하는 편이 좋습니다.

또, 행복의 과학 공양 대제의 회장에는 당연히 참가자의 수호령과 지도령, 행복의 과학 지원령들이 와 있으므로, 집안에 들러붙어서 자손에게 '나쁜 짓'을 하는 조상은 그런 영에 발각됩니다. 그리하여 '뭐냐, 너는? 몇 년이나 괴롭히고 있는 것 같구나' 등의 말을 듣고, 무서운 선생님 앞에 나온 학생처럼 쩔쩔매는 것입니다.

그들은 살아 있는 인간이 보지 못하므로 나쁜 짓을 할 수 있었습니다만, 저 세상의 영인에게는 보이기 때문에 '너의 자손이 이렇게 열심히 노력하고 있는데 나쁜 짓을 해왔지?'라고 꾸중을 듣고 '탄로 났구나'라고 단념하여 전적으로 얌전해지는 셈입니다.

요컨대, 자손의 힘만으로는 구제할 수 없을 경우라도, 행복의 과학 행사에 참가함으로써 잘못된 짓을 하는 조상을 고급령이 꾸짖어 주는 것입니다. 저 세상의 일은 저 세상 사람이 가장 정통하므로, 기본적으로 영인의 잘못은 저 세상의 고급령에게 맡기는 것이 지름길입니다.

그와 같이 행복의 과학 행사에 참가하는 것은 저 세상의 고급 령과의 사이에 새로운 인연이 생기는 계기가 되므로, 조상 공양은 될 수 있는 한, 행복의 과학 공양 대제 회장에서 하는 것이 좋습니다.

물론 가정에서도 1년에 몇 번인가 기일 등에 가족 전원이 공양하는 것은 나쁘지 않습니다. 하지만 지나치게 하지 말아야 합니다. 매일 아침, 점심, 밤이라는 식으로 공양하거나, 매일 저녁 자기 전에 공양하기보다도, 제대로 자기가 수행을 할 일입니다.

행복의 과학 근본 경전인 《불설 정심법어》 (앞에서 서술)를 독송하거나, 불법진리 서적을 읽어서, 자기 자신의 깨달음을 높이는 데에 중점을 두고, 조상 공양은 될 수 있는 한, 도사가 있는 곳에서 하는 쪽이 위험이 적고 효과도 큽니다.

5.
자살이나 재해로
세상을 떠났을 경우의 공양

자살한 자의 영이 천국으로 가기 위한 조건

'자살한 영은 원칙적으로 천상계로 올라갈 수 없다'라는 것은 사실입니다. 사명을 다하지 않고 목숨을 끊었을 때는 대개 '천상계로 올라갈 수 없다'라기보다도, 오히려 '지옥까지 가지 못한다'라는 일이 많은 것이 사실입니다.

그들은 지옥에 가지 못하고, 이 지상의 어떤 특정한 공간, 예를 들면, 자기가 자살한 장소 등에 머무릅니다. 즉, 지박령地縛靈이 되는 일이 많습니다. 지박령이 되지 않을 때는 대개 가족이나 친척 등이 있는 곳으로 옵니다. 요컨대, '저 세상으로 갈 수' 없는 것입니다. 지옥에도 가지 못하고 자기의 생활 범위 안에 머무르려고 하는 일이 많습니다.

그런 사람이 깨닫기에는 상당한 시간이 걸립니다. 개성 차이가 있습니다만 '그리 간단히는 깨달을 수 없다'라고 해도 좋습니다. 빠른 사람이라도 역시 몇 년 정도 걸리는 일이 많습니다.

일반 사람일 경우에는 자살하면 보통은 천국에는 갈 수 없습니다.

자살한 자의 경우는 대개 이기주의자입니다. 자기 일밖에 생각하지 못하고 자기 장래의 전망이 없어지면 몸을 희생해 버리고 '뭐든지 다 끝이다'라는 사고방식을 합니다. 이것이 안 되는 것입니다.

'자살한 사람'이 성불하는 조건도 '일반 사람'이 성불하는 조건과 거의 같습니다만, 자살한 사람의 경우는 죽은 모습이 비참한 만큼 어려운 면이 있습니다.

많은 사람을 공양하려면 상당한 에너지가 필요하다

또, 전쟁이나 진재에 의해 한 번에 많은 사람이 세상을 떠날 경우, 불교적으로는 '천승 공양千僧供養'이라고 해서 '1,000명의 승려가 공양한다'는 방식이 있습니다. 지역 전체가 되면 규모가 크고 영의 수가 많으므로 '도사 한 사람 정도로는 어렵다'라는 것으로 '1,000명 정도의 승려가 모여서 독경한다'는 식으로 공양합니다.

요컨대 염력을 강화하는 것입니다. '집합한 염念을 모아서 공양하지 않으면 못한다'는 것으로 많은 사람이 모여서 공양하는 것입니다.

예를 들면, 일본의 한신阪神 대지진이나 동일본 대지진처럼 대단히 많은 사람이 세상을 떠나면 어지간해서는 천상계로 올라가지 못할 것입니다. 공양하려고 해도 역시 상당한 에너지가 필요합니다. 그것도 한 번 공양하는 것만으로는 바로 천상계로 올라가지 못합니다. 개개인에게 이 세상에 대한 집착이나 원통한 마음도 있을 터이므로, 어느 정도로 성불할지는 사람마다 각각 다릅니다.

진재 등으로 세상을 떠나도 저 세상을 믿었던 사람, 예를 들면, 행복의 과학 가르침을 믿었던 사람의 경우에는 아마 바로 성불할 것입니다. 그것은 문제없습니다.

하지만 살아 있었을 때, 종교나 저 세상을 전혀 믿지 않았던 사람, 그런 것을 부정하던 사람은, 진재 등으로 세상을 떠나면 무슨 일이 일어났는지 좀처럼 알 수 없으므로 곧바로 성불하지는 못할 것입니다. 생전에 종교나 저 세상을 부정하다가 갑자기 세상을 떠난 사람은 생전의 생활에 집착하고 있으므로, 평균해서 3년 정도는 대체로 지표와 가까운 곳에서 어슬렁거리는 것입니다.

뜻하지 않은 죽음으로 천상계로 돌아간 사람은 환생이 빠르다

'인생의 도중에 뜻하지 않게 죽게 되어 분하다'는 마음을 가진 사람은, 천상계로 돌아갔을 때는 인생을 다시 시작하기 위해 지상에 빨리 환생하는 일이 많다고 할 수 있습니다. 그처럼 인생을 다할 수 없었던 사람은, 지옥에서 괴로워하지 않을 때는 비교적 환생이 빠릅니다.

'어린 나이에 죽었다', '신혼 시절에 죽었다', '사업 도중에 죽었다' 등 '유감스럽게 죽었다'고 하는 경우는 여러 가지로 많을 것입니다.

그처럼 원래의 인생 계획대로가 아닌 형태로 죽은 사람은, 천상계로 돌아갈 때, 환생이 상당히 빨라집니다. '다시 한번 시작하고 싶다'라는 생각이 강한 사람은 대체로 10년이나 20년 만에 다시 태어나는 일이 비교적 많은 셈입니다.

예를 들면, 도쿄 대공습 등으로 세상을 떠난 사람으로, 아직 지상에서 떠돌아다니는 사람은 상당히 적으며, 이제는 별로 없을 것입니다. 이만큼 근대 빌딩이 줄지어 서 있는데 아직 무슨 일이 일어났는지 모른다면, 그것은 어지간히 완고한 자입니다. 그런 사람은 묘지 주변에는 아직 있을지도 모르겠습니다만, 대개의 사람은 천상계로 올라갔거나, 지옥에 있거나, 어느 한쪽입니다.

그런 사람 중에서 천상계로 올라간 사람일 경우는, 아마도 2차대전 후인 1960년대의 베이비붐baby boom 무렵에 환생한 경우가 상당히 많은 것이 아닐까 생각됩니다.

한신 대지진이나 동일본 대지진 등으로 세상을 떠난 사람들을 딱하다고 여긴다면, 진재로부터 20년 정도 지날 무렵에 출산을 장려하는 편이 좋을 것입니다. '아름다운 고베神戸를 만들기 위해 다시 한번 인생을 시작하고 싶다'고 바라는 사람도 있을 터이므로, 그런 사람은 다시 환생하게 될 것입니다. 그런 생각도 있을 것입니다.

지역 정화를 위한 공양은 사후 3년째 정도까지

그리고 앞에서 서술한 것처럼 지역 정화를 위한 방법으로는 1,000명의 승려로 행하는 천승 공양이 있습니다. 1,000명이라는 뜻은 상징이며, 500명이라도 300명이라도 100명이라도 좋습니다만, 어느 정도의 인원수가 모여서 공양한다면 영역靈域의 정화는 가능합니다.

다만, 본의 아니게 죽게 된 사람은 아무래도 일정한 기간이 지나지 않으면 좀처럼 천상계로 올라가지 못합니다. 본인이 납득하지 못하거나 이해하지 못할 경우는, 저 세상에서 인도하는 영이 도와주러 와도 그리 간단히 올라갈 수 없습니다. 그들은 이 세상에 집착하고 있으므로 일정하게 단념할 수 있을 때까지 시간이 걸리는 일이 많습니다.

그리고 진재 등으로 죽은 사람 중에는, 죽었을 때인 채로 시간이 멈춰버린 사람이 많습니다만, 그런 사람은 거리가 부흥하는 모습을 보면서 차츰 깨닫게 될 때도 있습니다. 차례로 거리가 부흥해서 안정된 모습으로 돌아오면 차츰 깨닫게 됩니다. 다소 시간이 걸리는 것입니다.

따라서 그들을 공양해 드린다고 하면, 사후 3년째 정도까지가 중심이며, 그 후는 차츰 지상을 유토피아로 만들어 가는 것이 더 빠르다는 느낌이 듭니다.

POINT

- 천국으로 돌아간 조상에 대해서는 1년에 한두 번은 상기하여 감사를 드릴 것. 그것은 저 세상에 있는 조상의 덕이 된다.

- 조상이 지옥에 떨어졌을 때는 자손이 불법진리를 배워서 필요한 가르침을 알기 쉽게 전해 드리면 좋다.

- 생전에 신앙을 가지지 않았던 사람은 천국으로 돌아갈 수 없다. 또 '사람을 다그치는 생각'이나 '탐, 진, 치'의 마음의 삼독이 지옥에 떨어지는 원인이 된다.

- 현대의 학문에는 유물론적인 것이 많아서, 몇십 년이나 공부하면 저 세상의 존재를 이해하지 못하게 되는 일이 있으므로 주의가 필요하다.

- 회향이란 자기의 애정이나 덕을 조상에게 돌려 드리는 것. 불법진리 학습을 하며 매일 정진해서 축적한 빛을 전해 드림으로써 조상의 괴로움을 완화할 수 있다.

- ≪불설 정심법어≫에는 ≪반야심경≫이나 ≪법화경≫보다도 1만 배의 힘이 있다. 이해하기 쉬운 경전 쪽이 구제력이 있다.

- 공양에는 '깨달음의 힘'이 필요하므로 행복의 과학 공양 대제 등에 참가하여 도사가 있는 곳에서 공양하는 쪽이 좋다.

지옥에 떨어진 사람을 구제하러 가는 천사들

천사들은 저 세상에서는 지옥에 떨어진 사람들을 구제하는 일을 하고 있습니다. 여러분의 대부분은 이윽고 그런 일을 하게 될 것입니다. 천상계로 돌아가서 일정한 기간 동안 수행을 쌓고, 경험을 쌓아, 어느 정도 영으로서 깨달음을 얻으면, 아마도 '지옥에 떨어져서 괴로워하는 사람들을 구출한다'는 일을 경험하게 되는 것입니다.

처음으로 지옥계로 내려갈 때의 엄청난 느낌은 상상을 초월합니다. 천상계로부터 지옥계로 내려갈 때는, 마치 낭떠러지를 밧줄 하나에 의지해서 내려가는 것 같은 느낌에 가깝습니다. 고원高原과 같은 곳에서 어둠의 세계로 뚝 떨어져 가는 것 같은 무서움이 있습니다.

아래로 갈수록 점점 칠흑 같은 어둠입니다. 처음에는 아무것도 보이지 않습니다. 눈이 익숙해질 때까지 어둠 속에서 꿈틀거리는 것을 볼 수 없습니다. 그와 같은 어둠의 세계로 내려가는 것입니다.

그리고 지상계에서 많은 사람이 신앙에 눈을 떠서 활동하거나 기도하거나 하고 있으면, 지옥계에서 구제하는 천사들에게 지상 사람들의 생각이 전해질 때가 있습니다.

많은 사람이 신앙하거나, 기도하거나, '우리도 불국토佛國土 유토피아를 만들어 가고 싶다'라고 바라는 모습이 보이면, 천사들의 격려가 되는 것입니다.

천사들은 '우리는 고독하지 않다. 지옥계에 있어도 고독하지 않다. 지상계에서도 역시 이 세상 사람들을 구하려고 열심히 노력하는 사람들이 있는 것이다'라고 격려를 받는 셈입니다.

지금 지옥에 떨어져서 악귀가 되어 있어도, 예전에 지상계에 살았을 때는 어떤 사람의 부모였거나, 할아버지나 할머니였거나, 친척이었거나, 친구였거나 했던 사람들입니다. 지상계의 사람에게도 인연이 있는 것입니다.

　　그리고 지상계에서 인연이 있는 사람도 '지옥에 떨어진 사람들을 바로잡아 가자. 어둠을 밝혀 가자'라는 생각으로 노력하고 있으면, 천사와 힘이 서로 호응하는 것입니다.

　　생각이 통해서 천사의 힘이 고무되는 것입니다. 천사인 그들에게도 용기가 주어지는 것입니다. 어두운 밤에 빛을 찾아낸 것 같은 느낌이 드는 것입니다.

　　'이 사람을 구하려고 하는 사람이 그 외에도 있구나. 지상계 사람도 그와 같은 생각을 하고 있구나'라는 것을 알면 강한 부력이 작용하게 됩니다.

　　다른 망자들이 그 사람의 탈출을 '방해하자'고 하는 것에 대해, 다른 한편에서는 '구하자'고 하는 천사가 있는 셈입니다만, 거기에 더하여 천사를 지탱하려고 하는 지상에서의 사념이나 상념, 파동이 거듭되면 천사 쪽도 힘껏 도와줄 수 있게 되는 것입니다.

　　별로 효율이 높다고는 생각되지 않습니다만, 그와 같은 형태로 한 사람 한 사람을 납득하게 만든 다음에 지옥계에서부터 끌어올리고 있습니다.

　　깊은 지옥에서부터 조금 얕은 지옥으로 데리고 가서, 거기서 눈을 적응시켜주고 사고방식을 고치게 만들어 줍니다. 얕은 지옥에 있는 다른 사람들을 보여 주고서, '어떤 점이 틀렸을 것 같은가'를 생각하게 만들고 가르쳐 주는 것입니다.

제4장

만년을 사는
마음가짐에 대하여

명확한 안내서가 있으면
사후의 세계는 무섭지 않다

아마도 세상의 90% 이상 사람들은 사후를 두려워하는 것이 아니겠습니까? 길거리에서 물어보면 절반 정도의 사람들은 '사후의 세계 따윈 없다'라고 대답할지도 모르겠습니다만, 그러면서도 내심으로는 '만일 있다면 어떻게 하지?'라고 생각하는 사람이 많을 것입니다.

사후의 세계를 두려워하는 이유 중 하나는 '사후의 세계에 관한 이야기는 많이 있지만, 거기에 갔다가 돌아온 사람이 없으므로 잘 알 수 없다'라는 데에 있다고 생각됩니다. 확실히 사후 세계로 갔다가 돌아온 사람이 거의 없다는 것은 그 말대로이며, 모르는 것도 무리는 아닌 면이 있습니다.

사후 세계에 대한 공포심을 없애려면, 사후 세계의 진정한 모습을 더 명확하게 할 필요가 있습니다.

확실히 지옥이라고 하는 무서운 세계도 존재합니다만, 천국이라고 말해지는 세계는 대단히 훌륭한 세계이며, 거기에는 훌륭한 사람들이 많이 살고 있습니다. 그런 세계가 실제로 있다는 사실을 아는 것은 큰 희망이라고 할 수 있습니다.

사후 세계가 무서운 것은 그 세계에 관해 전혀 알 수 없다는 데에 원인이 있는 셈이기에, 사후의 세계에 관한 '명확한 조감도鳥瞰圖'가 있으면 그다지 무서운 것은 아니게 될 것입니다.

해외여행을 하려고 할 때도 현지 정보가 아무것도 없으면 대단히 불안합니다만, 다양한 지도나 안내서가 있으면 여행을 하는 데 많은 도움을 받게 됩니다. 그것과 같은 일입니다.

사후 세계에 대해서는 내가 집필한 수많은 저서에 자세히 쓰여 있습니다. 대표적인 것으로 ≪태양의 법≫, ≪황금의 법≫, ≪영원의 법≫ (모두 행복의 과학 출판 간행)이라고 하는 3부작이 있으며, 특히 ≪영원의 법≫에는 저 세상 세계의 구조에 대해 명확하게 설명해 놓았습니다.

살아 있는 동안에 진리를 아는 중요함

현대에서는 '절반 이상의 사람이 지옥에 떨어지고 있다'는 상황입니다. 하지만 '현대의 모든 사람이 한 권 정도는 내 저서를 읽은 적이 있다. 한 번 정도는 내 설법을 들은 적이 있다. 한 번 정도는 행복의 과학 세미나에 참가한 적이 있다'고 하는 데까지

내가 설하는 가르침이 보급된다면, 지옥에 가는 사람도 현저히 줄어들고, 20~30%, 혹은 10~20%의 사람밖에 지옥에 가지 않게 될 것입니다.

게다가 세상이 불법진리 책을 몇 번이고 읽어서 공부하고 그 가르침을 실천하여 '사람들을 행복하게 하자'라고 열심히 살아가는 사람으로 가득 찬다면, 대부분의 사람이 지옥에 가지 않아도 되는 것입니다.

그것은 그렇게 어려운 일이 아닙니다. 간단한 일입니다. 필요한 것은 가치관의 전환입니다. 신앙심을 갖는 일입니다. 즉, '부처님이 계시고, 인간은 부처의 자녀다'라는 것을 알고, 부처의 자녀로서의 삶을 실천하는 것만으로도 지옥에 가지 않아도 되는 것입니다. 그렇게 어려운 일이 아닙니다.

최후의 10년 정도를 살아가는 방법

그리고 60세나 70세가 지나서, 평균 수명의 나이까지 앞으로 10년 정도 남은 사람은, 그 최후의 10년 정도를 살아가는 방법이 대단히 중요합니다. 그동안 마음을 온화하게 하여 이 세상에 대한 집착을 조금씩 줄이는 훈련을 해야 합니다.

최후의 10년 정도에 집착이 많은 사람은 지옥에 간다기보다도 지박령 등의 성불하지 못한 영이 될 가능성이 대단히 큽니다. 집, 토지, 재산, 사업, 자손 등에 대해 집착을 너무 지나치게 갖게 되면 자기의 성불을 방해하므로, 해마다 집착이 줄어들도록 노력할 필요가 있습니다.

그리고 '모든 것은 좋아져 간다'라고 생각할 일입니다. "내 주위 사람들은 좋은 사람뿐이며, 내가 없어도 그들은 분명히 노력해서 훌륭해질 것이다. 내 역할은 끝나려고 하는 것 같기에, 나는 저 세상으로 돌아갈 준비를 해야 한다. 마음을 온화하게 하여 잘못된 생각이나 행동을 반성하면서 사후에 대비하자. 저 세상으로 들어가는 '입학 준비'를 하자"라고 생각해야 합니다.

최후의 10년 정도 기간에 가족이나 친구, 그 밖의 사람들과 심한 갈등을 일으키게 되면 성불을 방해하게 되므로 조심해야 합니다. 자기 자신을 위해서도 그와 같은 갈등은 없는 쪽이 좋습니다. 친족을 다그치거나, 자기와 인연이 있는 사람으로부터 미움받거나 하는 삶을 살아서는 안 됩니다.

언제 죽어도 좋은 마음으로 산다

　불교적인 깨달음의 이상理想을 말한다면, '언제 죽어도 좋은 마음으로 산다'는 것이 중요합니다.

　석존은 '이 세상은 언제 떠나게 될지 알 수 없는 무상無常의 세계다. 하지만 이 세상을 떠나면 본래의 세계로 돌아갈 수 있으므로, 언제 떠난다고 해도 후회가 없는 삶을 살아라. 이 세상에 대한 집착을 버려라'라고 되풀이 설하고 있었습니다.

　석존의 시대에서부터 2500년이 지난 현재도, 여러 사람이 살다가 죽어가는 모습을 보면 '그야말로 이 세상에 대한 집착이 문제다'라는 것을 잘 알 수 있습니다.

　'이 세상에 대한 집착을 끊고 편안한 세계로 들어간다'는 마음의 수행을 하고 있으면 열반涅槃의 세계로 들어갈 수 있습니다.

　하지만 그 수행을 하지 않는 사람의 경우는 아무래도 이 세상에 집착하기 때문에 좀처럼 저 세상으로 이행하기가 원활하지 않습니다.

이 세상의 인생은 무대에서의 연극과 같은 것

나는 '이 세상에서 사는 수십 년의 인생은 불과 한때의 꿈, 혹은 한때의 여행에 지나지 않는다'라고 되풀이하여 말해 왔습니다.

인간은 '영원한 생명', '불멸의 생명'을 가지고 있습니다. 그리고 몇천 년, 몇만 년, 혹은 그 이상의 영원한 세월을 혼으로써 꿋꿋하게 살아온 것입니다. 그동안 이 지상에서는 부모의 인연에 의해 육체라고 하는 '탈 것'에 혼이 깃들어서 자손이 번영하고, 몇 번이나 몇 번이나 혼魂의 수행을 할 수 있게 되어 있는 것입니다.

'왜 그와 같이 복잡하고 괴기한 일을 하는 걸까?'라고 생각하는 사람도 아마 있을 것입니다. '영으로서 그대로 영계에서 생활하면 되지 않은가? 무엇 때문에 일부러 육체에 깃들어서 태어나, 인생의 강을 흘러 내려가야 하는가? 이윽고 죽어서 저 세상으로 돌아가지 않으면 안 되는데……'라고 이상하게 생각하는 사람도 있을지 모르겠습니다.

하지만 나는 진실을 실제로 체험한 사람으로서 전생윤회轉生輪 廻의 비밀을 이해하기 쉽게 말한다면 '이것이야말로, 실은 부처가 발명한 최대의 행복론幸福論일지도 모른다'고 생각되는 것입니다.

인간은 육체에 깃들어서 수십 년의 인생을 살아가는 동안, 어떤 특정한 이름을 갖고 '자기는 ○○라는 이름을 가진 고유의 존재다'라고 생각하며 열심히 인생을 사는 셈입니다만, 아주 오래된 전생의 기억에서 본다면 '그것은 어느 때, 어떤 연극에 출연한 배역의 이름에 지나지 않는다'는 것을 알게 됩니다. '인간은 여러 시대의 여러 무대의 연극에서 다른 이름의 연기자로 출연하여 그 연기 솜씨를 닦고 있다'라는 사실을 알게 되는 것입니다.

지금은 한국인으로 살고 있을지도 모르겠습니다. 하지만 한 시대 전에는 중국인이었을지도 모릅니다. 혹은 영국인이었을지도 모르고, 미국인이나 프랑스인이었을지도 모릅니다. 예전에는 인도나 이집트에 살고 있었을지도 모르는 것입니다. 게다가 지금은 이미 존재하지 않는 무 대륙이나 아틀란티스 대륙에 살고 있었을지도 모릅니다.

그런 것을 마음속에서 생각하며 그려 보십시오. 훌륭한 경험이라고 생각되지 않습니까? 훌륭한 세계라고 생각되지 않습니까?

여러 문명의 여러 문화가 꽃피어 있을 때 태어나, 자라고, 일하고, 연애하고, 결혼하고, 아이를 키우고, 그리고 늙어서 죽어가는 것입니다.

늙어서 죽는 것은 대단히 슬픈 일입니다만, 그것을 거쳐 감으로써, 나아가 그 다음의 기회가 주어지게 되는 것입니다.

POINT

- 불법진리가 퍼지면 부처의 자녀로서의 삶의 모습을 실천하는 사람이 늘어나서 지옥에 가는 사람은 현저히 줄어든다.

- 최후의 10년 정도는 마음을 온화하게 하여 이 세상에 대한 집착을 줄이는 훈련을 하는 것이 중요하다.

- 이 세상의 인생은 '무대'와 같은 것. 죽어서 저 세상으로 돌아감으로써 그다음 인생의 기회가 주어진다.

우선 한 사람을 구하라

진실은 오로지 하나다.
신불神佛은 실재하고
저 세상은 존재한다.
인간은 과거, 현재, 미래를
전생轉生해 가는 혼이다.
그리고 내세에는 천국과 지옥이 기다리고 있다.
타인에 대해 상냥하게 사랑을 주고
스스로에게는 엄하게 반성으로써 임한 자는
천국으로 가고
자아아욕自我我慾인 채로 살았던 사람은 지옥에 떨어진다.
이것이 법칙이다.
이것을 깨달았다면, 우선 한 사람을 구하라.
당신이 천국에서 다시 만나고 싶다고 바라는
그 한 사람이야말로 우선 구제하는 것이다.

지금 시대에는 신앙심이 희박해져서 신도, 부처도, 저 세상도 믿지 않는 사람이 많아졌다.

죽은 후에도 성불시키기 어려운 것은 소위 좌익 유물론형의 인간이다. 소위 '학문을 한 바보'만큼이나 구제하기 어려운 사람은 없다.

또 하나는 조상 공양을 중심에 두고, 이 세상의 불행은 무엇이든지 다 조상이 성불하지 못한 탓으로 해서, 잘못된 신앙을 널리 퍼뜨리는 사이비 종교의 존재다.

인간으로서의 올바른 삶이나 올바른 세계관이 필요한 것이다.

행복의 과학의 진리를 이해하고 ≪불설 정심법어≫를 독송하면 헤매는 영을 구할 수 있는 힘은 ≪반야심경≫의 1만 배 이상이다. 부디 올바른 방법으로 사랑하는 사람을 천국으로 인도해주기 바란다.

2017년 12월

행복의 과학 그룹 창시자 겸 총재 오오카와 류우호오(大川隆法)

올바른 공양 잘못된 공양

2018년 6월 20일 제1판 1쇄 발행

지은이 / 오오카와 류우호오
펴낸이 / 강선희
펴낸곳 / 가림출판사

등록 / 1992. 10. 6. 제 4-191호
주소 / 서울시 광진구 능동로 334(중곡동) 경남빌딩 5층
대표전화 / 02)458-6451 팩스 / 02)458-6450
홈페이지 / www.galim.co.kr
이메일 / galim@galim.co.kr

값 12,000원

ⓒ 오오카와 류우호오, 2018

저자와의 협의하에 인지를 생략합니다.

불법복사는 지적재산을 훔치는 범죄행위입니다.
저작권법 제97조의5(권리의 침해죄)에 따라 위반자는 5년 이하의 징역
또는 5천만원 이하의 벌금에 처하거나 이를 병과할 수 있습니다.

ISBN 978-89-7895-408-2 03200

이 도서의 국립중앙도서관 출판예정도서목록(CIP)은 서지정보유통지원
시스템 홈페이지(http://seoji.nl.go.kr)와 국가자료공동목록시스템(http://
www.nl.go.kr/kolisnet)에서 이용하실 수 있습니다.(CIP제어번호:
CIP2018017129)